AF317036

Juan de Matos Fragoso

Juan Bautista Diamante

Juan Vélez de Guevara

La Magdalena de Roma

Barcelona **2024**
Linkgua-ediciones.com

Créditos

Título original: La Magdalena de Roma.

© 2024, Red ediciones S.L.

e-mail: info@Linkgua-ediciones.com

Diseño de cubierta: Michel Mallard.

ISBN tapa dura: 978-84-1126-270-5.
ISBN rústica: 978-84-9953-231-8.
ISBN ebook: 978-84-9953-230-1.

Sumario

Créditos ⎯⎯⎯⎯⎯⎯⎯⎯⎯⎯⎯⎯⎯⎯⎯⎯⎯⎯⎯⎯⎯⎯⎯⎯ **4**

Brevísima presentación ⎯⎯⎯⎯⎯⎯⎯⎯⎯⎯⎯⎯⎯⎯⎯⎯⎯ **7**

    Los autores ⎯⎯⎯⎯⎯⎯⎯⎯⎯⎯⎯⎯⎯⎯⎯⎯⎯⎯⎯ 7

Personajes ⎯⎯⎯⎯⎯⎯⎯⎯⎯⎯⎯⎯⎯⎯⎯⎯⎯⎯⎯⎯⎯⎯ **8**

Jornada primera ⎯⎯⎯⎯⎯⎯⎯⎯⎯⎯⎯⎯⎯⎯⎯⎯⎯⎯⎯ **9**

Jornada segunda ⎯⎯⎯⎯⎯⎯⎯⎯⎯⎯⎯⎯⎯⎯⎯⎯⎯⎯ **47**

Jornada tercera ⎯⎯⎯⎯⎯⎯⎯⎯⎯⎯⎯⎯⎯⎯⎯⎯⎯⎯ **95**

Libros a la carta ⎯⎯⎯⎯⎯⎯⎯⎯⎯⎯⎯⎯⎯⎯⎯⎯⎯⎯ **143**

Brevísima presentación

Los autores

Juan Bautista Diamante (Madrid, 1625-Madrid, 1687). España.

Hijo de un mercader de origen grecosiciliano y de madre portuguesa, estudió en Alcalá de Henares. De joven fue pendenciero y se le acusó de cometer un asesinato, pero su padre lo libró de la cárcel indemnizando a la viuda del difunto.

Diamante fue militar y caballero de la Orden de San Juan.

Luis Vélez de Guevara (Écija, Sevilla, 1579-Madrid, 1644). España.

Nació en una familia acomodada, se licenció en artes en 1595 por la Universidad de Osuna y poco después entró al servicio del cardenal-arzobispo de Sevilla.

En 1600 se fue a Italia y se alistó en la milicia del conde de Fuentes, después estuvo bajo el mando de Andrea Doria y Pedro de Toledo. Tras una corta estancia en Valladolid, vivió en Madrid y, al servicio del conde de Saldaña, se dedicó al ejercicio de la abogacía y de las letras. El cargo de ujier de cámara del rey, que consiguió en 1625, no le permitió mantener con holgura a su numerosa familia.

Juan de Matos Fragoso (Alvito, 1608-Madrid, 1689). Portugal.

Estudió filosofía y jurisprudencia en la Universidad de Évora y luego se marchó a Madrid, donde fue amigo con los principales dramaturgos de la época, en especial Juan Pérez de Montalbán. Pasó un tiempo en Italia, donde se representó alguna comedia suya en la corte del virreinato de Nápoles. Estuvo siempre bien relacionado y tuvo por mecenas a varios nobles importantes, incluso al rey Felipe IV.

Personajes

Catalina la bella
Lupercio
Rosaura, dama
Filipo, galán
Porcia, dama
Leonardo, galán
Fenisa, criada
Golondrino, criado
Santo Domingo
Un mancebo
Soleta, gracioso
Un niño que hace a Cristo
Dos ángeles
Rosendo, y peones de albañil
Una niña que hace a nuestra Señora
Músicos

Jornada primera

(Salen con mantos Catalina, Rosaura, Porcia y Fenisa.)

Catalina	Fenisa, quita a Rosaura y a Porcia aprisa los mantos.
Fenisa	Aprisita, porque están los festivos aparatos de aparadores y mesas con opulencia aguardando, para que los descompongan los señores convidados.
Porcia	¡Bizarro anduvo Lupercio!
Rosaura	¡No vi valor más gallardo!
Catalina	Culpara yo mi elección si no lograra el aplauso de tener tantas disculpas como rendirme a su garbo.
Porcia	Muchos créditos en Roma logra Lupercio.
Fenisa	Y no en bancos.
Catalina	¡Qué ligereza tan tuya! Propio achaque de criados, que solo el rico en vosotras es el mejor.
Fenisa	Y eso ¿es malo?

Yo quiero más a un talego
de doblones que de ochavos.

Catalina   Mi vanidad más aprecia
haberle visto arrestado
en el sangriento tumulto   25
de franceses y romanos,
que sobre las preferencias
de las carrozas trabaron
disputas por los lugares
(sin atender, enojados,   30
al respeto que se debe
tener al Sacro Palacio),
esgrimir el fino acero
mover el impulso airado
siendo ejecución cualquiera   35
movimiento de su brazo,
todo relámpago el ceño,
trueno el brioso aparato,
y finalmente ruina
el efecto reparando   40
que en estruendo, en amenaza,
en ejecución vibrados,
se vieron en su valor
trueno, relámpago y rayo;
que fue verle combatida   45
roca de vientos livianos,
bajel corpulento a lentas
ondas, muro reforzado
a tibios golpes; y en fin,
verle a cobardes asaltos   50
de desmayados estorbos
muro, bajel y peñasco.
Digno es de mi amor Lupercio,

a pesar de los contrarios
que, envidiosos de sus dichas,   55
se oponen a sus aplausos.
Yo le elegí, persuadida
de su valor, entre tantos
como osadas mariposas
en mis ojos se abrasaron;   60
solo él vive en mi memoria,
y mi espíritu bizarro
no echa menos, con él solo,
los rendidos holocaustos
de los muchos que a mi altar   65
víctimas sacrificaron.
Y no os parezca, Rosaura
y Porcia, que en esto hago
más de lo que es justo, pues
mi corazón abrasado,   70
sediento de ardientes triunfos,
se viera mal empleado
en uno de éstos —alcorza,
todo pulido y peinado,
muy sahumada la melena   75
y muy teñidos los labios
con cera y con palomina—
que aunque me han querido hartos,
me he descartado de todos,
amigas, considerando   80
que en tales hombres tuviera
mi tocador nuevos gastos.
Viva Lupercio en mí, y mueran
todos los afeminados.

Fenisa   ¡Cómo a tus ojos reñía!   85
          ¡Qué bien compraba el bellaco

las cuchilladas, señora,
de tus luceros rasgados!

Porcia   Que es valiente te confieso,
                mas, Catalina, reparo   90
                que le falta ...

Catalina   ¿Qué le falta?
                El filis de cortesano.

Fenisa   Lupercio no es Argensola,
                ni Lupercio es Garcilaso.

Catalina   Porcia, como amarme sepa,   95
                yo no he menester letrados
                para el pleito de mi amor:
                él de mi está enamorado,
                y para mi empleo tengo
                yo con su parecer harto.   100

Porcia   Yo gusto de los discretos.

Catalina   Y yo de los alentados.

Porcia   Yo por eso amo a Filipo.

Catalina   Por eso a Lupercio amo.
                ¿Qué sientes, Rosaura, tú   105
                de nuestros empleos?

Rosaura   Cuando
                no había oído a Domingo
                —este ángel disfrazado
                en hombre que tantas luces

en sus sermones ha dado   110
a Roma, con la devota
explicación del Rosario—
tenía elección, amigas,
para juzgar de estos casos;
pero ya ni aún albedrío   115
sus acentos me dejaron,
viendo que es ocioso aquello
que a Dios no va encaminado.

Catalina   Por curiosidad le oí,
                y fue el oírle de paso   120
                mas porque me viesen muchos,
                adonde concurren tantos,
                que por oírle; pues fui
                no a pretender sus aplausos
                sino los míos, y fueron   125
                mis designios bien logrados,
                pues a mí mil me miraban,
                si a él le miraban cuatro.
                Mas de Leonardo, Rosaura,
                ¿qué hará tu desdén?

(Sale Leonardo.)

Leonardo   Leonardo,   130
                bella Catalina, llega
                a vuestros pies mejorado,
                rindiendo por sacrificio
                mi atención; más cortesano,
                pues mi nombre ha merecido   135
                que le ilustre vuestro labio.

Porcia   ¿Adónde queda Filipo?

Catalina (Aparte.) (Rosaura no le ha mirado.)

Sale Filipo.

Filipo   ¿Señora?

Leonardo   Rosaura ...

Fenisa (Aparte.) (Bueno.)

Rosaura   Ya no soy Rosaura.

Fenisa (Aparte.) (¡Malo!)   140

Filipo   Pasé a buscar a Lupercio
                  por el lance que en palacio
                  su garbo supo vencer,
                  de franceses y romanos.
                  Y solo pudo Lupercio ...   145

(Sale Lupercio.)

Lupercio   ¿Qué pudo Lupercio?

Golondrino   ¡Andarlo!

Filipo   Reducir aquel tumulto.

Lupercio   Corrido de los aplausos
                  estoy, con que me celebran
                  los grandes cortesanazos.   150
                  ¿Por valor se ha de tener
                  descalabrar cien menguados,
                  ni hacer correr a quinientos?

¡Oh, cuánto me irrito, cuánto
de que a mi garbo le injurien   155
los que conocen mi garbo!
Montones de picarones
obran siempre amontonados,
y si uno vuelve la espalda,
los demás vuelan rodando.   160
Si fueran hombres de punto,
quedar pudiera muy vano
de reñir con uno solo
y darme mucho cuidado.
De torpe plebe no admito   165
parabienes.

Golondrino   Este brazo
es el padre de las parcas,
siendo de su triunvirato
el que en aquella pendencia
fue los pícaros hilando   170
los copos de las molleras
con el huso de seis palmos.
Aspa haciendo de la daga,
los demás fui devanando,
y tijera la de Hortuño,   175
quedaron despabilados
brazos, cabezas y piernas,
corpanchones, espinazos,
haciendo una pepitoria
de aquellos vinosos gansos: 180
con que el padre de las parcas
a Golondrino llamaron.

Lupercio   ¿Cómo te fue en el sermón,
Catalina? Que asombrados

            tiene a todos la doctrina   185
            del español.

Catalina   Los romanos
            se mueven con ligereza.
            Yo fui a oírle, y he logrado
            el verte reñir muy bien,
            que éste solo es mi reparo.   190

Lupercio   Que celebren otros triunfo
            que fue en mí tan limitado,
            aunque me admira, bien mío,
            no debe admirarme tanto
            como que tú le celebres,   195
            cuando tienes enseñados
            los ojos a ver por ti
            los furores de mi brazo
            en los que, envidiosos, sienten
            el favor que de ti alcanzo.   200
            Y no hablo de los muertos,
            que ésos, aunque han sido tantos,
            ya no pueden tener celos;
            de los que están vivos hablo,
            o a mi desprecio ofendidos,   205
            o a mi valor desairados.

Catalina   Sobre tu gala, tu brío
            da a mi vanidad aplauso.
            Voces dentro.

Uno (Dentro.)   ¡Da vuelta a los asadores!

Otro (Dentro.)   ¡Pon en la sopa los pavos!   210

Tercero (Dentro.)   ¡Ceba aprisa las garrafas!

Cuarto (Dentro.)   ¡Repasemos nuestros cuartos!

Leonardo   ¿Tan presto olvidas, Rosaura,
las memorias de Leonardo?

Rosaura   No es olvido mi mudanza.   215

Fenisa   ¿Y es memoria?

Rosaura   Lo contrario
fuera olvido del cariño.

Lupercio   Pues ¿qué es esto?

Filipo   No lo alcanzo.

Porcia   Yo sus caprichos conozco.

Catalina   Yo sus primores extraño.   220

Fenisa   Puede ser que por San Juan
quiera mudarse a otro cuarto.

Golondrino   [Primero al capón con barbas
verán de Madrid los patios.]

Lupercio   Si Rosaura se nos muda   225
puedes, amigo Leonardo,
hacer del desdén escudo
para mayores reparos.

Leonardo (Aparte.)   (Mal te estará su desvío,
                      Lupercio, puesto que airados   230
                      mis celos, abrigan siempre
                      el rencor más obstinado
                      del amor que a Catalina
                      tuve mudo siempre. ¡Oh, cuánto
                      a mi memoria le enoja   235
                      un recuerdo tan tirano!)
                      Voces dentro.

Uno (Dentro.)   ¡Vítor, el ángel Domingo
                      de Guzmán!

Golondrino   Estos muchachos
                      con dos gritos de faroles
                      le vitorean al santo.   240

Catalina   (A Lupercio.) Ven a que ilustres las mesas.

Lupercio   Vamos, Catalina, vamos.

Catalina   ¡Lo que te quiero, Lupercio!
                      ¡Lo que me alumbran tus rayos!

(Vanse.)

Rosaura (Aparte.)   (¡El cielo aliente mi afecto!)   245

Leonardo (Aparte.)   (¡Más en mi rencor me abraso!)

(Vanse.)

Filipo   (A Porcia.) De tu voz solo el oído
                      logra más dulces halagos.

Porcia Siempre en mis afectos tienen
muy buen lugar tus aplausos   250

(Vanse.)

Golondrino   ¿En qué quedamos, Fenisa?

Fenisa   Golondrino, ¿en qué quedamos?

Golondrino   Yo en casarme los inviernos.

Fenisa   Yo, en invierno y en verano

(Vanse.)

(Córrense los bastidores, y en el foro se descubre la fábrica de un templo
sin acabar, y pasarán a su tiempo por los andamios ángeles, y peones con
materiales, y sale Santo Domingo de religioso.)

Domingo   Señor, de tus esposas   255
logre yo el sacro nido;
tengan fragantes rosas
el pensil escogido
para que más ardientes
te sirvan sus purezas florecientes.   260
Fue de mis hijos casa
ésta que ser procure,
si a tanto logro pasa,
venturosa clausura
de tus vírgenes bellas,   265
o alcázar celestial de tus estrellas.
Con alta providencia
tu auxilio la enriquece
ioh sacra omnipotencia,

cuánto a glorias florece   270
católico el desvelo
que fabrica en la tierra para el Cielo!
La vocación de Sixto
tendrá siempre; no asombre
que el acento de Cristo   275
sea su dulce nombre:
mire del Sol el día
en los brazos del alba de María.
Sagrada hermosa fuente,
de tus limpios cristales   280
dilata la corriente;
logren de sus raudales
sedientas las criaturas
en copas del Rosario tus dulzuras.
No aventure cristiano   285
purificado el oro
que enriqueció tu mano;
logre el mayor tesoro,
y de su fértil mina
enriquecida mire a Catalina   290
Esta mujer profana,
que escandaliza a Roma,
siendo prisión tirana
y pirata paloma,
que las almas condena   295
con los blandos halagos de sirena;
Esta, por quien, perdida,
(Música dentro.)   la juventud ociosa
desestima la vida,
y ésta, que escandalosa   300
de Dios vive olvidada,
sea de tu piedad, Virgen, llamada.
A mi ruego, Señora,

si tu favor merece,
vea la clara aurora   305
ésta a quien anochece
la sombra del pecado,
con corazón rebelde y obstinado.

(Bajan en dos sacabuches dos ángeles cantando, y en medio una niña que
hace a nuestra Señora, con un arco que forme un rosario de cuentas gran-
des de plata, y ramilletes de rosas redondas, que hagan los padrenuestros,
y arrodíllase el santo.)

Ángeles (Cantan.)   Las aves, las flores
al Alba saluden,   310
a fragancias de nácar los valles,
a gorjeos de pluma las cumbres.

Ángel 1.º   Domingo venturoso,
a tu fe no conturben
temores, que enriquecen   315
con las sombras tus luces.

Ángel 2.º   La bella Aurora siempre
a tus voces influye
con nuevos resplandores,
porque tu voz se ilustre.   320

Niña   Vive seguro, Domingo,
pues que tus voces construyen
de los tesoros del Cielo
los más soberanos lustres;
y porque de Catalina   325
tus recelos se aseguren,
sabe que mi amado Hijo
la ha de guiar con sus luces

a su amor. Dale el rosario,
y espera tiempo en que ocupe   330
bien la vida que ahora ves
que tan mal la distribuye.
Suben cantando los ángeles.

Ángeles (Cantan.) Las aves, las flores,
al Alba saluden,
a fragancias de nácar los valles,   335
a gorjeos de pluma las cumbres.

Domingo   Favor tan soberano
¿quién le habrá merecido?
Mas ¿cuándo de tu mano
no logró el afligido   340
llenarse de consuelos?
¡Publíquenlo por mi todos los Cielos!

(Sale Soleta.)

Soleta   ¿Hay tal pedir de rosarios?
¡No vi más devota prisa!

Domingo   ¿Que dice, hermano Soleta?   345

Soleta   ¿Que quiere, padre, que diga?
Eminencias, excelencias,
obispos y señorías,
príncipes, duques, marqueses,
viejos, viejas, mozos, niñas,   350
cortesanos, labradores,
damas y dueñas arpías;
que hoy toda Roma cifrada
se mira en la portería,

	y sombra el pobre Soleta,	355
	como si fuera plantilla,	
	cargan a pedir rosarios.	
	¡Y a no valerme la cinta,	
	temí que en vez de rosario	
	no me llevasen las tripas!	360

Domingo   Diga si ha dejado alguno
de lograr aquesa dicha.

Soleta   Sí, padre.

Domingo   ¿Quién?

Soleta   Un bermejo,
que por narices traía
una alquitara que puede   365
abundar a cien boticas,
cuando destilen por mayo
cantuesos y manzanillas.

Domingo   Si volviere, dos rosarios
le dé luego, y su malicia   370
enmiende, hermano Soleta,
dándose tres disciplinas.

Soleta   Mejor son los canelones
para la cara de esquina.
Dentro voces.

Uno (Dentro.)   ¡No amainen!

Otro (Dentro.)   ¡Da vuelta al torno!   375

Tercero (Dentro.)   ¡Tira la maroma chica!

Cuarto (Dentro.)   ¡Tuerce a la mano derecha!

Quinto (Dentro.)   ¡Suban aprisa la viga!

Peón 1.°   (Canta dentro.) Tira el cubo, Perico,
             ola y más ola,   380
             por lo más delgadillo
             que rompe la soga, ola y más ola.

Soleta   ¡Lo que alegra a los peones
             la miel rosada de Esquivias!

Domingo   Sin tener más fundamento   385
             que el de una esperanza fija
             de la fe con que te adoro,
             mi Dios, mi ardiente osadía
             a aumentar este convento
             se atrevió; y en pocos días   390
             son los socorros tan grandes,
             que los fieles participan
             a mi mano, que contento
             espero ver concluida
             la fábrica.

Uno (Dentro.)   ¡Pon el cubo!   395

Soleta   ¡Qué alegre que anda la jira
             cuando ven a Fray Domingo!

Otro (Dentro.)   ¡Esa regla está torcida!
             Domingo Dé un refresco a los obreros,

Soleta.

| Soleta | Ya prevenidas | 400 |

tengo, con sus picatostes,
dos arrobas de salchichas,
y del griego un garrafón
mayor que la Torrecilla.
Van pasando oficiales.

Peón 1.º   Ande, hermano.   405

(Con unos cubos.)

Peón 2.º   (Con la viga.) Que se mate
el maestro, pues que tira
veinte reales de jornal,
que yo que reviento, al día
solo gano cinco reales!

Peón 1.º   Mire que el padre nos mira.   410

Peón 2.º   No se mate, que por él
no he de aventurar mi vida.

Soleta   ¡Qué moscón es el peón
que lleva aquella alfarjía!

Domingo   (Al Peón 2.º)   415
¿Con tan poco peso, hermano,
con esa pausa camina?

Peón 2.º   ¡Qué poco el padre se duele
de las ajenas costillas!
Más piedad, su reverencia,

| | juzgaba yo que tenía, | 420 |
| | y juro ... | |

Domingo   No se despeñe.

Peón 2.º   Pues de que yo me haga astillas,
               ¿qué provecho saca, padre?
               No he visto en todos mis días
               sobrestante que se duela   425
               del peón que se desliza;
               porque en cayendo, le llevan
               volando en las angarillas
               al hospital, y le dejan
               sin dejarle una gallina,   430
               ni un par de huevos —aunque
               quede el pobre hecho tortilla.
               Y si esto sucede, padre,
               más espacio y menos prisa,
               que el padre, si yo me mato,   435
               no podrá darme la vida.

(Vase.)

Domingo   Tenga paciencia.

Soleta   Picado
               va el dicho peón de avispas!
               Ruido y voces dentro.

Peón 1.º (Dentro.)   ¡El cielo se viene abajo!

Peón 2.º (Dentro.)   ¡Valedme, Virgen María!   440

Soleta   ¿Qué es aquello, padre mío?

¿Es miércoles de ceniza?

(Ruido de hundimiento grande.)

¡Oh, qué polvo! ¡Oh, qué guijarros!
Y ¡qué espesas peladillas!
¿Si acaso a Roma Torote   445
ha venido en romería?
¿En qué planta esta Soleta
podrá tener acogida?
(Con miedo.)   ¡Que me descalzan de abajo,
y me trastejan de arriba!   450

Domingo   ¡Qué de luces el estrago
le da, Señor, a mi vista!

(Salen dos peones.)

Peón 1.º   ¡Deme albricias, padre nuestro!

Peón 3.º   ¡Padre nuestro, deme albricias!

Soleta   Padre, a tantos padrenuestros   455
darles puede avemarías.

Peón 1.º   Todo el paredón se hundió
de aquella fábrica antigua
que le quitaba al convento
las luces del mediodía.   460

Domingo   ¡Lo que no pudo vencer
el ruego ni la justicia,
venció Dios! Si ha peligrado
alguno, hermano, me diga.

Peón 1.º   Solo un peón al pasar   465
                despedazado se mira.

Domingo   ¡Mucho me cuesta la obra,
                pues que me cuesta una vida!
                Vayan, y saquen aquí
                al difunto.

Peón 3.º   Si hecho harina   470
                ha quedado, ¿a qué mi padre
                quiere que sangre y ceniza
                le saquemos?

Domingo   Vayan presto,
                que mi fe no desconfía
                de la piedad soberana   475
                de aquella Reina escogida.
                Vaya, Soleta, con ellos.

Soleta (Aparte.) (¡Yo cojo grandes propinas!
                De aquestos entierros, muchos
                tocan a mi sacristía.)   480

(Salen todos, como levantándose de las mesas.)

Fenisa   Veamos si estamos seguros,
                que según la cercanía
                del convento y nuestra casa,
                pensé que todo se hundía.

Catalina   ¿Qué habrá sido tanto estruendo?   485

Porcia   ¿De qué este ruido sería?

Lupercio   Para el informe, a los ojos
                  el polvo ciega la vista.

Rosaura   Mas ya se ve.

Filipo   De aquel lienzo
                  antiguo fue la ruina.   490

Leonardo   Milagro fue que tu casa
                  se librase, Catalina.

Golondrino   ¿Qué tabernero a guijarros
                  quiso aguarnos la comida?

Fenisa   ¡Las piedras como camellos   495
                  por las ventanas llovían!

Domingo (Aparte.) (¡Oh, mujer!)

Rosaura   Aquí está el santo.

Catalina (Aparte.) (¡Oh, qué extraña antipatía
                  tienen mis ojos con él!
                  Pero ¿para qué le miran?)   500

(Sacan al peón muerto entre otros dos, y Soleta.)

Soleta   ¡No tiren, poquito a poco,
                  señores, que se hace jiras!
                  Filipo ¡Qué espectáculo tan triste!

Rosaura   ¡Cuánto el verle me lastima!

| Lupercio | ¡Raro destrozo hizo en el | 505 |
| | la desgracia no temida! | |

| Porcia | ¡Que haya quien por un jornal | |
| | se aventure a esta desdicha! | |

| Golondrino | ¡No buscara Golondrino | |
| | los nidos de golondrinas! | 510 |

Catalina

(Todos.)

    ¿Todos os lastimáis?

Todos

(Aparte.)

    Catalina. ¿De qué?

Domingo

    (¡Oh, alma endurecida,
Dios te ablande!) Apartad, hijos.
Señor, mi ruego os suplica
humilde que en honra vuestra   515
tenga este cadáver vida;
vea esta rebelde a Vos
vuestras altas maravillas,
y de cuantos acompañan
su vanidad distraída   520
sea admiración aquí
vuestra clemencia divina.
Y tú, Rosendo, en el nombre
de Dios, cuyo poder firman
las obras más imposibles,   525
vuelve otra vez a la vida:
levántate, y en presencia
de todos, mando que digas

a quién ese nuevo ser
se la debes.

(Levántase el peón.)

Peón 2.º   A María,   530
                  y a su devoto Rosario,
                  que rezo todos los días;
                  que los que logran sus rosas
                  no mueren en las espinas.
                  Saca el rosario.
                  Y el Cielo, porque a Domingo,   535
                  que en esta obra asistía,
                  le traté sin reverencia,
                  influyendo mi malicia
                  en los que en ella trabajan,
                  que sin cuidado le sirvan,   540
                  castigó mi culpa necia.
                  Y pues del Cielo se mira
                  que de aquesta tempestad
                  aqueste iris me libra,

(Arrodíllase, y besa el hábito del santo.)

                  enmendando mis errores,   545
                  ofrezco, mientras yo viva,
                  ser esclavo de este templo,
                  por ser claustro de María.

Filipo   ¡Extraño caso!

Porcia   ¡Admirable!

Fenisa   ¡Voyme a las arrepentidas!   550

Rosaura   ¡Salga yo de mis errores!

Leonardo (Aparte.) (¡Más los rencores me animan!)

(Suenan dentro las guitarras.)

Catalina   Vamos a nuestros festines,
                  pues nos llama la armonía
                  de la música.

Golondrino   Y dejamos   555
                  a medio andar la comida.

Lupercio   Ven, pues se libró tu casa
                  de este riesgo, Catalina.

(Vase.)

Filipo   Porcia, vamos, no perdamos
                  la música más festiva.   560

Porcia   (A Catalina.) Ven, amiga.

Catalina   Vamos, Porcia,
                  ¡y reine nuestra alegría!

(Vanse Porcia y Filipo.)

Leonardo   (A Rosaura.) Tu desdén no ha de poder
                  vencer a mi fe rendida.

(Vase.)

Rosaura En vano, Leonardo, en vano   565
será tu amante porfía.

(Vase.)

Lupercio (Dentro.) Mira que aguardan las mesas,
y que es tarde, Catalina.

Domingo Dime antes si en tu casa
hallará buena acogida   570
un religioso que quiere
visitarte, Catalina,
para proponerte un grande
negocio, en que estriban
tus mayores conveniencias. 575

Catalina Siempre mi puerta se mira
abierta, pues la hallan cuantos
a mi vanidad altiva
solicitan, cortesanos,
tenerla más aplaudida. 580

Domingo ¿La puerta a la vanidad
tienes abierta?

Catalina Las dichas
(Música dentro.) mejoran en los aplausos
las glorias de repetidas.

(Vase.)

Fenisa Yo me voy a dar un baño 585
[a un estanque de natillas.]

(Vase.)

....

Domingo   Encienda de la capilla
                 las velas.

Soleta   Voy a pegarme
                 también con la pelotilla.

(Vase.)

Domingo   Para que tus prodigios   590
                 mis afectos repitan,
                 a mi espíritu alienta,
                 dulcísima María,
                 porque encendida esta
                 rebelde nieve fría   595
                 en tu devoto celo,
                 deje su torpe vida.
                 Dame aliento, Señora,
                 de poder persuadirla
                 a ser devota tuya,   600
                 venciendo su malicia.

Música   Alienta, Domingo,
                 espera, confía,
                 que a cuenta del Cielo
                 está Catalina   605

Domingo   El Sol, la Luna, el cielo
                 y los astros repitan tus alabanzas
                 siempre, dulcísima María.

(Vase.)

(Salen Golondrino y Fenisa.)

Golondrino   ¡Qué gran comida!

Fenisa   ¡Y qué platos!   610

Golondrino   ¡Qué sorbetes!

Fenisa   ¡Qué ambrosías!

Golondrino   ¡Al mundo de apoplejías
                  pudo llenar, y de flatos!

Fenisa   ¡Dónde te caben, no sé,
                  tantas cosas, Golondrino!   615

Golondrino   Salgo en diluvios de vino,
                  hecho un arca de Noé.

(Música dentro.)

Fenisa   A coronar el festín,
                  entre suaves candores,
                  con la música las flores   620
                  vienen de aqueste jardín.

(Salen con la Música Lupercio. Porcia, Catalina Filipo y todos los convida-
dos.)

Música   Imite la belleza
                  de la flor el hermoso lucimiento:
                  no malogre en su oriente

	lo más bello;	625
	deje para el ocaso	
	el escarmiento.	

Lupercio	Viva ufana tu hermosura	
	siempre en sus abriles bellos;	
	al mayo no le anticipes	630
	los rigores del enero.	
	Vive, Catalina, vive,	
	y en tus festivos alientos,	
	a tu fama y a tu aplauso	
	les tributen —lisonjeros	635
	vasallos— los albedríos,	
	en repetidos obsequios,	
	cuanto, próvidos, fecundan	
	todos los cuatro elementos;	
	que para lograr los bienes,	640
	los bienes nos dan los cielos.	

Catalina	Danzas, comedias, banquetes,	
	y todos cuantos festejos	
	inventar supo el placer,	
	de todos gustosa quiero	645
	gozar; que mi vanidad	
	no se rinde al común ceño	
	de que niegue al regocijo	
	cuanto a los aplausos debo.	

Filipo	Cantad, y en coros festivos,	650
	los primores contrapuestos	
	de las cadencias suaves,	
	de los numerosos metros	
	unidos, fugas expliquen	
	los batallados conceptos.	655

Porcia   Bella Catalina, logra
                cuanto a tus bellos luceros
                tributan en sacrificios
                los más rendidos afectos.
                Vive al aplauso, y vivamos   660
                a las caricias del tiempo,
                que no nació la hermosura
                para rendirse al tremendo
                horror, de que se malogren
                todos sus divinos fueros.   665

Catalina   Cerca el día de mis años
                está, querido Lupercio.

Todos   Pues celebrémosle.

Todos.

Porcia   Y sea con el discreto
                festejo de una comedia.   670

Filipo   La que ha de ser destinemos.

Porcia   «Narciso y Eco» será.

Catalina   No quiero Narciso ni Eco,
                que él es lindo, y ella es muda.

Leonardo   ¿«Venus y Adonis»?

Catalina   No quiero   675
                que haya tragedia en mis años.

Lupercio	Porque no se pierda tiempo,
	a sortear la que ha de ser
	volvamos, que mi deseo
	no sufre que haya ninguna	680
	dilación en tus festejos.

Lupercio

    Porque no se pierda tiempo,
    a sortear la que ha de ser
    volvamos, que mi deseo
    no sufre que haya ninguna   680
    dilación en tus festejos.

Todos

    Y elegida una vez, todos
    en ella representemos.

Catalina

    Sea así.

Lupercio

    Adiós, Catalina.

Catalina

    En el cenador espero.   685

(Vanse, menos Catalina y Fenisa; y dentro golpes, como que llaman.)

Fenisa

    ¿Quién a puerta tan abierta
    a llamar llega tan recio?

Domingo (Dentro.) Un religioso.

Catalina

    Cerradas
    de mi casa nunca vieron
    las puertas. ¡Entre, y no llame   690
    el que fuere!

Domingo (Dentro.) Entrar no puedo
    sin llamar.

Fenisa

    ¡Los aparatos
    son de grande llamamiento!

(Sale Fray Domingo.)

Domingo (Aparte.)   (¡Oh, qué ciega confusión!
                     pues tiene el error más ciego   695
                     al mundo abiertas las puertas,
                     y cerradas para el Cielo.)

Catalina (Aparte.)   (¡Cuánto me asombra su vista!
                     Mas vénzanse mis recelos.)

Domingo (Aparte.)   (¡Con qué de afectos batalla,   700
                     sin mejorar los afectos!)

Fenisa (Aparte.)   (¡Cuál se miran, y se admiran!)

Catalina (Aparte.)   (Salir de este asombro quiero.)
                     Si erais vos el religioso,
                     muy poco, Domingo, os debo   705
                     en no haberos declarado
                     conmigo, para que atento
                     mi cuidado previniese
(Aparte.)   (¡oh, cuánto me asombra, cielos!)
                     algún cortés agasajo.   710

Domingo   Excusa los cumplimientos.

Catalina (Aparte.)   (¡Oh, ¿quién pudiera apartarse
                     de su vista!)

Domingo   Solo quiero
                     el que cumplas, Catalina,
                     con los favores que al Cielo   715
                     le deben tus perfecciones.
                     No malogre en escarmientos
                     con la belleza exterior

el interior desaseo.
Catalina Ponte a la puerta, Fenisa: 720
mira no vuelva Lupercio.

Domingo   No temas, nada receles:
(Aparte.)   conmigo estás. (¡Ah, Lupercio!
                    ¡Oh, si en el vencer pudiera
                    lo que en ti vencer espero!)   725

Fenisa (Aparte.)   (Despacio la toma el padre,
                    y sermones no apetezco:
                    voyme, porque el no estorbar
                    es un aquél muy discreto.)

(Vase.)

Catalina (Aparte.) (Porque me deje ¿que haré? ...   730
                    Pedirle el rosario quiero.)
                    Dadme el rosario, Domingo,
(Aparte.)   y otro día (¡qué tormento!)
                    podréis verme.

Domingo   Catalina,

(Cogiendo de la mano a Catalina, la lleva hacia la silla.)

                    ¿quién puede lograr el tiempo,   735
                    y no malograr las dichas
                    de conocer sus misterios,
                    no se aparte en la razón
                    del mayor conocimiento.
                    Siéntate aquí, Catalina   740

(Siéntase Santo Domingo en una silla, y Catalina en una almohada, de
rodillas.)

Catalina (Aparte.)   (¿Cómo a sus voces me venzo?)

Domingo   Sin susto atenderme puedes.

Catalina (Aparte.)   (¡Mal se vencen mis recelos!)

Domingo   Acércate, no te apartes.

Catalina (Aparte.)   (¡Quién pudiera estar más lejos!)   745

Domingo   En este círculo hermoso
                      se cifran quince misterios,
                      donde sus avemarías
                      corresponden al Salterio
                      de David: ciento y cincuenta   750
                      floras hermosas, que en ecos
                      de azucenas y jazmines
                      explican, con dulce aliento
                      del encarnado clavel,
                      todo el celestial concepto.   755
                      Sus estaciones divinas
                      con los quince padrenuestros
                      divide, en tres quincagenas,
                      a los tres piadosos tiempos,
                      para que mejore el alma   760
                      de afectos con los afectos.
                      Cinco misterios gozosos
                      contemplarás los primeros:
                      la Anunciación de Gabriel,
                      para que encarnase el Verbo;   765
                      la Visita de Isabel;

el dichoso Nacimiento;
la tierna Circuncisión;
y cuando se halló en el Templo.
Los segundos, dolorosos: 770
contempla a Cristo en el Huerto;
azotado a la Columna
por los ministros sangrientos;
en la Corona de espinas;
al hombro el grave Madero;   775
y en él, clavado a rigores
por el hombre, a Dios supremo.
En los gloriosos, contempla
la Resurrección del Cuerpo;
y en la Ascensión, pues subió   780
a su celestial asiento,
y paloma en su Venida
bajó, con plumas de fuego;
en la Asunción de María,
que con soberano imperio   785
como Emperatriz subió
a Coronarse a los cielos.
Esta es la escala que vio
dichoso Jacob, durmiendo,
de ángeles que descendían   790
a subir al firmamento.
De la mano de María
la recibí, y de su bello
Hijo amante, que a ternezas
a Domingo enriquecieron.   795
Recíbele tú de mí,
que en la voz de Dios, ofrezco
a ti, y a cuantos devotos
reverencien sus misterios,
en la tierra anticipados   800

todos los bienes del Cielo.

(Levántase Catalina, y toma el rosario, turbada, y se va retirando.)

Catalina (Aparte.)   (Turbada yo le recibo ...
iOh, cómo el sagrado peso
en mis manos! ... iRaro asombro! ...
desmayados los acentos,   805
helada la voz, y el labio
entorpecido, no puedo
articular las palabras...
iHorror! ...iAsombro tremendo! ...
iSin mí en su presencia estoy! ...   810
Pero de ella vaya huyendo.)
Adiós, Domingo

(Vase.)

Domingo   iQué poco
que han aprovechado, pienso,
en su corazón mis voces!
Mío sería el defecto   815
más que suyo, que es muy tibio
mi espíritu. Yo confieso,
Señor, que más batería
ha menester este pecho
duro, que mi persuasión.   820
iCuán grande es mi desconsuelo!
No os parezca, Señor mío,
la porfía de mi ruego
desconfianza: atraed
a Vos este bronco acero,   825
Imán de misericordias;
encended en vuestro fuego

esta congelada nieve
a torpes delitos feos.
Por ésta, Jesús divino,   830
padecisteis; no el veneno
de la culpa en ella borre
de vuestra Pasión el precio.

(Descúbrese en una gloria el Niño, con tunicela blanca, y el mundo en la mano,
acompañado de los dos ángeles.)

Música   Confía, Domingo, y espere tu celo
                en la misericordia de Dios eterno,   835
                lograda la ternura de tu deseo.

Niño   Para que seguro estés
                de ese temor, te prevengo
                (confirmando la verdad
                que a mi Madre oíste, tierno   840
                amante de su pureza),
                que a mi cargo queda el peso
                de la conversión que pides;
                adonde mostrar espero
                a los mortales que olvidan   845
                lo que me deben, los medios
                extraños que usa mi amor
                para volver a traerlos
                a mí. No te desconsueles,
                que en mi oído están tus ruegos.   850

Domingo   ¡Oh, soberano Señor,
                gracias os dé todo el Cielo!
                Cantan los ángeles.

Ángeles   Confía, Domingo, y espere tu celo
                 en la misericordia de Dios eterno,
                 lograda la ternura de tu deseo.   855

Domingo   Confío, y espero,
(Con la Música.) en la misericordia de Dios eterno.
                 Ciérranse las apariencias con la Música.

                 Fin de la primera jornada

Jornada segunda

(Salen por diferentes puertas Fenisa y Golondrino con sus papeles de estudio, como repasándolos.)

Golondrino	«Con sus cabellos María	
	los pies a Cristo enjugó.»	
	Pie, Boticario: «Y gastó	860
	todo un bote de ambrosía	
	en ungírselos.»	
Fenisa	Pie, Polla:	
	«Llorando así su pecado,	
	como si se hubiera dado	
	en los ojos con cebolla.»	865
Golondrino	«Con sus cabellos María ...»	
	«Con sus cabellos María ...»	
	«Con sus cabellos María ...»	
Fenisa	«Llorando así su pecado ...»	
	«Llorando así su pecado ...»	870
	«Llorando así su pecado ...»	
Golondrino	Estudia un poco más quedo.	
Fenisa	Eso iba a decirte yo.	
Golondrino	Así estudio siempre, o no	
	estudio.	
Fenisa	Solo así puedo	875
	estudiar. Pie, Magdalena:	
	«Y hallóse tan reducida	

que trocó su mala vida.»
Pie, Marta: «Por otra y buena,
siguiendo a Dios.»

Golondrino   Pie, Faroles: 880
                  «Por el tiempo mal gastado
                  mandó tocar a nublado
                  a las niñas de sus soles.»
                  ¡Por cierto, que han elegido
                  harto festiva comedia   885
                  para celebrar los años
                  de Catalina!

Fenisa   Si vieras
                  un paso cantado que hay
                  entre Cristo y Magdalena,
                  y cómo le hacen mi ama   890
                  y Porcia, te enternecieras.

Golondrino   ¿Sábenle ya?

Fenisa   Ya le cantan.

Golondrino   ¡A fe, que han dado priesa
                  en estudiar! Si yo así,
                  Fenisa, estudiar pudiera,   895
                  bien sé que no me trocara
                  por Escamilla la bella.
                  Catalina hará la dama,
                  y Porcia por la cuenta
                  al Nazareno. ¿Quién hace   900
                  a Marta?

Fenisa   Rosaura.

Golondrino A ésa
le encajará el papel desde
que ha dado en camandulera.
¿Qué hace mi amo?

Fenisa   Un galán
a quien mi ama desdeña.   905

Golondrino   Y ¿pasa por eso él?

Fenisa   Para que no hubiese queja
en ninguno y la elección
(Música dentro.) de todos en común fuera,
papeles se sortearon   910
después de sortear comedias..

Golondrino   ¿Cuando es el primer ensayo?

Fenisa   Ahora.

Golondrino   Pues yo no sé letra.

Fenisa   ¡Mal hicieras de trocarte
por Escamilla con esa   915
memoria!

Golondrino   Pues te aseguro
que ventaja no me lleva
(Guitarras dentro.) nadie en el trabajo. Pero
ya los instrumentos suenan,
y deben de comenzar.   920

Fenisa   Si ha de ser en esta pieza
el ensayo de esta tarde,

y entro yo en el tono, bestia,
¿cómo han de empezar?

Golondrino   Así,
pues quiero darle una vuelta   925
al papel: allí te aparta.

Fenisa   Si de la propia manera
la has de saber de aquí a un año,
mejor es que no te muelas,
y que en nuestro amor hablemos   930
este rato que nos dejan.

Golondrino   Con la memoria ocupada,
¿quién diablos quieres que tenga
voluntad? Deja que pase
el apretón de esta fiesta,   935
y luego te querré mucho.
Pie, Menguado: «No me quieras
y quizá te querré yo.»

Fenisa   «Harélo de esa manera.»

Golondrino   ¡Esto es del papel!

Fenisa   ¡Y esto!   940

(Salen Catalina y Lupercio.)

Catalina   Si todo, Lupercio, fuera
tratar de las bizarrías,
los festines, las grandezas
con que fue en Jerusalén
celebrada Magdalena   945

—no sé si más que yo en Roma—
te prometo que me diera
gusto el papel; porque como
mis presunciones me acuerda
el séquito de las suyas,   950
estoy gustosa con ellas.
Mas como su conversión
trata también la comedia,
y como poco inclinada
soy al llanto y penitencia,   955
aquel paso me disgusta.

Lupercio   Pues hácesle de manera
                  que cuando le repasáis
                  Porcia y tu, aunque lisonjean
                  vuestras voces mis oídos,   960
                  el corazón me penetra
                  un tan vehemente dolor ...

Catalina   ¿De qué?

Lupercio   De pensar que puedas
                  sentir, Catalina hermosa,
                  aquello que representas.   965

Catalina   ¿Quién, yo? Bien, ¡por vida mía! ...

Lupercio   Quiérote mucho, y sintiera
                  perderte.

Catalina   Por ese lado
                  no hayas miedo que me pierdas.

Lupercio   Con todo eso, ¿rezas mucho   970

el rosario?

Catalina

No me deja
Rosaura si no le rezo.
Demás, que sola esa seña
tengo de cristiana, y yo
soy cristiana, aunque no buena.   975

Golondrino

(Aparte a Fenisa.) ¡Cuánto basta para que
no la quemen!

Fenisa

(Aparte a Golondrino.) Y eso, ¡apenas!

Catalina

¿Cómo te va, Golondrino,
de estudio?

Golondrino

La primera letra
no sé del papel.

Catalina

¿Por qué?   980

Golondrino

Porque andamos en pendencias
tan ocupados mi amo
y yo, que lugar no queda
en todo el año, señora,
para hacer otras haciendas.   985

Catalina

¿Tu también riñes?

Golondrino

A veces,
que no hay cosa que no tenga
su día, y cierto, que algunos
estoy yo que si me vieras,
te enamoraras de mí,   990

según amiga te muestras
de hombres de valor.

Catalina   Confieso
que es para mí linda prenda
el brío; pues me parece
la presunción más discreta   995
de una dama, cuando sale
de casa o al balcón llega,
ver lleno el barrio de cruces
de hombres que han muerto por ella.

Golondrino   ¡Ira de Dios! Dime, ¿viene   1000
de Nerón tu descendencia?

Lupercio   No seas bachiller, y sabe
que a singulares bellezas
cultos comunes no deben
ser admitidas ofrendas: 1005
grande ídolo quiere mucho
obsequio. Lisonjas sean
de Catalina las vidas
—ya que las almas no puedan—,
que yo, si ella me lo manda,   1010
dejaré a Roma desierta
por sacrificarle a cuantos
no se murieren de verla.

Catalina   Nada dices y nada haces
que de mi gusto no sea.   1015

Fenisa   (Aparte a Golondrino.) ¡Cuáles son los dos!
Golondrino (Aparte a Fenisa.) ¡No hay
en Roma tan malas bestias!

Sale Porcia.

Porcia   ¿He tardado mucho?

Catalina   Siempre
                  tarda lo que se desea.

Lupercio   ¿Y Filipo?

Porcia   Con Leonardo   1020
                  viene ya.

Catalina   Gracioso tema
                  es en el que da Rosaura.

Porcia   No era su amor muy de ver as,
                  pues fue olvido tan aprisa.

Lupercio   Pues si yo Leonardo fuera,   1025
                  ya que otra satisfacción
                  tomar no pudiese de ella
                  —pues del enojo ninguna
                  hay que ser decente pueda
                  con una dama— tomara   1030
                  la de amar otra belleza;
                  y cuanto ella a mí en desdenes,
                  yo en desengaños le diera.

Catalina   Ya yo ha sabido, Lupercio,
                  que él hace esa diligencia.   1035

Lupercio   Tan sin razón olvidado,

hiciera mal de no hacerla.

Catalina (Aparte.)   (¡Qué poco le disculparas
si que me ama a mí supieras!)
Luego tu, si a mi desdén   1040
vieses vibrada la flecha,
¿otra hermosura buscaras?

Lupercio   No, que hallarla no pudiera;
pues como tú no hay ninguna,
habiendo muchas como ella.   1045

Catalina   Dices bien.

Porcia   ¡Qué grosería,
y qué vanidad!

Lupercio   Supuesta
la imposibilidad que hay
en que yo amaros pudiera,
Porcia divina, por dama   1050
de Filipo, no os parezca
grosería en mí el olvido
de vuestra hermosura. Fuera
de que, si lo fue, disculpa
hallaréis en mi fineza.   1055

Porcia   Sois muy atento.

Catalina   Ni en mí
convenirme en que no hubiera
otra como yo, delito
hallarías, Porcia bella,
pues darme a mí celos,   1060

eras como si no fueras.

Porcia   Soy tu amiga; muy bien dices.

(Sale el hermano Soleta con un costal al hombro, vacío.)

Soleta   Sea el hermano Soleta
                con los siervos del Señor.

Catalina   ¿Qué quiere, hermano?

Soleta   Quisiera   1065
                que de cuanto desperdicia,
                algo, hermanita, les diera
                a los hijos de Domingo;
                que van a poner las mesas
                para comer, y no hay pan   1070
                ni cosa que lo parezca:
                por lo cual los religiosos
                tienen caponas las muelas.

Golondrino   ¿Caponas?

Soleta   Sin ejercicio,
                que es lo propio.

Catalina   A tiempo llega,   1075
                que nos halla embarazados
(Aparte.)   a todos. (¡Con qué pereza
                me muevo a las buenas obras,
                y a las malas, con qué priesa!)

Soleta   Yo esperaré.

| Catalina | Mejor es | 1080 |
que se dé después la vuelta.

(Salen Rosaura, Filipo y Leonardo.)

Soleta   Ya aguardo, ángel.

Golondrino   (A Soleta.) Hermanito ...

Leonardo   Desengañarte pudieras
de que yo le estoy, Rosaura.

Rosaura   ¿Cómo, si siempre te encuentra   1085
mi susto?

Leonardo   Como aquí vengo
al ensayo de esta fiesta,
y no a buscarte.

Rosaura   Pues yo,
si ha de ser verte aquí fuerza,
dejaré el papel, Leonardo,   1090
que me han repartido en ella.

Leonardo (Aparte.) Déjale o no. (¡Ay, Catalina!)

Catalina   Bueno está, Rosaura bella,
que no han de pagar mis años
de tus desdenes la deuda.   1095

Rosaura   Este no es desdén, pues nunca
quise con tanta fineza
a Leonardo como cuando
le pido que no me quiera.

Todos   ¿Fineza es ésa?

Rosaura   Sí, pues   1100
                 solicito que me pierda
                 porque a Dios halle Mirad
                 cuán grande es la diferencia
                 que hay entre haberle querido
                 yo para mí, y que le quiera   1105
                 para Dios: yo, mortal polvo,
                 y Dios, perfección eterna.

Catalina   ¿Dónde acabas el sermón
                 de hoy? Ten, mujer, la lengua;
                 goza de tu lozanía,   1110
                 que harto tiempo después queda.

Rosaura   ¡Ay, Catalina, que nadie
                 sabe el que hay, y que es astrecha,
                 si la toma la Justicia
                 de los mortales, la cuenta!   1115

Porcia   ¡Que graciosa estás, Rosaura!

Catalina   ¿Esta es gracia? ¡Impertinencia
                 me parece a mí!

Rosaura   Pues yo
                 no disgustarte quisiera,
                 sino servirte.

Porcia (Aparte.) (Esta oye   1120
                 a Fray Domingo de veras,
                 y Catalina, de burlas,

pues tan poco se aprovecha.)

Filipo   Ved que es hora de empezar.

Soleta   Y que el hermanito espera.   1125

Catalina   Espere o váyase.

Soleta   Ya
                   aguardo, ángel.

Porcia   Sin Eugenia,
                   ¿quién ha de tocar el paso
                   en el arpa?

Catalina   ¿Y sin que venga
                   el apuntador?

Sale el Apuntador con un cuaderno, que es el que se ha de romper a su tiempo.

Apuntador   Por mí,   1130
                   señores, no se detenga
                   el ensayo.

Soleta   Ni por quien
                   toque el arpa —como cuenta
                   no se le dé a Fray Domingo
                   de que yo hice esta flaqueza.   1135
                   Pues por mí no se dejó
                   jamás ninguna obra buena.

Catalina   ¿Sabe tocar?
                   Pues Orfeo

no ha herido mejor las cuerdas.

Golondrino   ¿Y los hermanos?

Soleta   Que aguarden,   1140
que en hablando de comedias
me derrito.

Catalina   Solo así
llevar limosna pudiera.

Soleta   Llene yo el costal, hermana,
y por lo que fuere sea.   1145

(Toma Soleta el arpa.)

Apuntador   ¿Qué paso va?

Rosaura   En el que Marta
persuade a Magdalena
que oiga al profeta Jesús.

Filipo   Vaya en el que representan
cantando las dos.

Todos   Va ése.   1150

(Lee el apuntador.)

Apuntador   «Descubriráse el profeta
Cristo a la mesa sentado
de Simón; y Magdalena,
sin hablar, le besará
los pies.»

Catalina   Como ahora está, lea,   1155
                porque se entienda lo que
                los dos silencios dijeran
                de Magdalena y de Cristo,
                según lo que se interpreta.

Todos   ¿Quién habla en él?

Apuntador   Las dos solas.   1160

Músico (A Soleta.)   Si sabe este papel, vea
                que es el acompañamiento.
                Dale un papel de solfa.

Soleta   ¿Si sé? Démele y atienda.
                Comienza a tocar.

Catalina   ¡Con qué repugnancia lo hago!

Porcia   Si Catalina te quedas   1165
                después, ¿qué importará ahora
                que Magdalena parezcas?

Catalina   Vaya si ha de ser.

Todos   ¡Silencio!

Lupercio (Aparte.)   (¡Toda el alma tengo inquieta!)

Mientras cantan el paso, llora Rosaura.

Catalina (Canta.)   Aunque de mis delitos   1170
                tan manchada me vea,
                tan horrorosa llegue,

Señor, a tu presencia,
que al mirarme y al verte
me impida la vergüenza,   1175
el temor me embarace,
y el susto me suspenda;
saber me anima, conocer me alienta,
que a perdonarme vienes a la tierra.

Porcia (Canta.)   Perdida oveja mía,   1180
llégate a mí; no temas.
Tu Pastor soy, y vengo
a que al rebaño vuelvas,
de ti tan cuidadoso,
como si no tuviera   1185
más caudal que tú sola,
entre tantas ovejas.
Porque entre la que huye y las que quedan,
éstas no pagan lo que cuesta aquella.

Catalina   ¡Mi bien!

Porcia   ¡Mi amada!

Catalina   ¡Mi Señor!

Porcia   ¡Mi prenda!   1190

(Llora.)

Catalina   Lloro.

Porcia   Gime.
Catalina Gimo, peno.

Porcia	Pena.

Las dos	Que las lágrimas tiernas
	la ofensa apartan y el perdón acercan.
	Representa Catalina como enajenada.

Catalina   ¡Hijas de Jerusalén,
penitencia, penitencia!   1195

Lupercio   ¡Ay de mí! ¡Qué es lo que dices?

Catalina   ¡Penitencia!

Lupercio   ¡Aguarda, espera!
 Catalina, ¡Penitencia!

Lupercio   ¡Catalina!
Cóbrase Catalina.

Catalina   Pues ¿no está así en la comedia?

Apuntador   Así está.   1200

Lupercio   Pero aunque esté
así, mi bien, considera
que me matas, porque temo,
cuando la memoria acuerda
que Ginés representante
se convirtió en la comedia   1205
del cristiano bautizado,
que hagas lo propio tu en ésta,
según lo que te transformas
en Magdalena.

Catalina   Ni temas
                  que eso pueda sucederme,   1210
                  ni tampoco que dijera,
                  hablando yo como yo,
                  lo que dije como ella.
                  Pero para que otra vez
                  ni a ti ni a mí nos suceda,   1215
                  —a ti temer, ni hacer nada
                  a mí que sin gusto sea—
                  a mis años se disponga
                  otro género de fiesta,
                  porque ésta se acabó aquí,   1220
                  Lupercio, de esta manera.
                  Rompe el cuaderno.

Rosaura (Aparte.) (¡Válgame Dios, qué intratable
                  este corazón se muestra!)

Porcia (A Filipo.) Melindre fue el de Lupercio.

Filipo   Es en el que ama de veras,   1225
                  Porcia, muy sensible todo
                  cuanto a parecer le suena
                  mudanza en lo que ama; que
                  amor nada hay que no tema.

Porcia   ¿Temiéraslo tú de mí?   1230

Filipo   Yo no, porque me muriera.

Fenisa   Ha hecho muy bien mi señora.
                  Lupercio Tan bien, que si no la hubiera
                  dado antes de ahora el alma,
                  se la diera a esta fineza.   1235

| Soleta | ¡Adiós, arpa! |

| Golondrino | ¡Adiós, papel! |

(Rómpele.)

| Catalina | Fenisa, al hermano lleva,
y dale pan. |

| Soleta | Aunque es tarde,
siempre a buena ocasión llega. |

| Rosaura (Aparte.) | (Esta caridad descubre | 1240 |
| | que algo en el alma le queda.) |

| Fenisa | Venga, hermano. |

| Soleta | Golondrino,
lo dicho, dicho. |

(Vanse.)

| Rosaura | Supuesto
que ya aquí que hacer no tenga,
dame licencia ... |

| Catalina | Rosaura, | 1245 |
| | vete muy en hora buena,
que sin ti celebraremos
mis años. |

| Lupercio | No la detengas. |

| Rosaura | Sí harás, pues que mis verdades |
| | te suenan a impertinencias | 1250 |

(Vase.)

| Catalina | (A Leonardo.) ¿Cómo con ella no vas? |

| Leonardo | Como tengo el alma presa |
| | en tus ojos. |

Catalina	¿Aún porfías,
	sabiendo con la fineza
	que quiero a Lupercio?

Leonardo (Aparte.)	(Yo	1255
	haré hoy que no le quieras,
	matándole, pues me estorba
	el logro de tu belleza;
	que en mí, otro delito más
	es circunstancia pequeña.)	1260

| Catalina | ¿Porcia? |

Porcia	Pensando ahora estaba
	que un sarao público fuera
	fiesta a propósito.

Catalina	Sí,
	bien dices, y luego sea:
	a disfrazarnos entremos.	1265
	¡Eso sí que es bueno! Porcia
	los llantos, que en fin son llantos,
	por más que en música sean.
	Veamos, y seamos vistas.

| Filipo | Es la elección tan discreta | 1270 |
| | como de Porcia. | |

Lupercio

No siento
más de que forzoso sea
no conocerte, cubierto
el rostro.

Catalina

Pues ¿no me quedan
hartas señas, sin la cara,   1275
en que conocerme puedas?
Toma tú este lazo y ponle
adonde yo verle pueda,
Dale un lazo.
porque la vista te alcance
cuando el oído te pierda.   1280

Lupercio

Un favor envuelto en muchos
me das.

Leonardo (Aparte.)

(Que será la seña
para su muerte.)

Filipo

Tú, Porcia,
¿no me das favor?

Porcia

Si llevas
mi corazón por divisa,   1285
¿cómo quieres que te pierda?

Catalina

Vamos, y este tiempo que hay
desde aquí a la primavera
de mi nuevo año se ocupe

                     en alegrías y fiestas.   1290

Todos   ¡Celebre Roma el natal
                     de Catalina la bella!

Vanse, y el mancebo que representa a Cristo dirá desde la apariencia en
que estuviere puesto, y luego saldrá:

Mancebo   Domingo ...

(Sale Domingo.)

Domingo   Voz, que en el viento
                     me nombras, y no ilusión,
                     que hiriéndome el corazón,   1295
                     llenas mi alma de contento,
                     ¿cúya eres?; que no distingo,
                     y no con faltas de enojos,
                     el regalo, con los ojos,
                     de los oídos.   1300

Mancebo   Domingo ...
                     Música.

Domingo   Aquí estoy; no con rigor -
                     tanto me hagas desear.

Mancebo   Prevente para mirar
                     un efecto de mi amor.
                     Domingo ¡Qué mal hice de dudar   1305
                     cúya eres, voz, al oír
                     que empiezas a prevenir,
                     primero que a ejecutar!
                     Que aquí para entre los dos,

por la experiencia conviene	1310
creer, que voz que previene	
al hombre es la voz de Dios.	

Domingo   ¿Qué mandas, Señor divino?

Mancebo   Que me veas.

Al igualarse las apariencias, irá subiendo el santo en elevación, y bajará
el mancebo vestido a la romana, muy galán, sobre un trono de serafines,
y a los lados, dos ángeles; y en igualando con la elevación, bajarán las
apariencias iguales hasta el tablado, y luego subirá de rápido la que bajó,
quedándose el niño en el tablado.

Domingo   ¿Tal favor?

Mancebo   Nota en mí lo que mi amor   1315
(Descúbrese.)   y tu caridad previno.

Ángel 1.° (Canta.)   Si por redimir a todos
                     bajó Dios desde su alcázar
                     una vez, amante, otra
                     por redimir a una, baja.   1320

Ángel 2.° (Canta.)   Disfrazado en carne aquella,
                     ésta disfrazado en galas,
                     para que la medicina
                     se proporcione a la llaga.

Los dos (Cantan.)   ¡Dichosa el alma (Suben.)   1325
                    que le debe fineza tan extraña!

Domingo   Amantísimo Jesús,
(De rodillas.)   ¿qué es esto? Pues ¿no bastaba

vuestra voluntad divina
para la empresa más ardua?   1330
¿Todo Vos volvéis al mundo,
hombre otra vez? Si faltarais
del Cielo, aunque estáis aquí,
¿el Cielo cómo quedara?
¿Plumas, Señor, por espinas?   1335
¿Por túnica y dogal, galas?
No os conociera, si dentro
de mí, Vos no me informarais.
¿A qué venís? (si merece
saberlo la confianza   1340
que tengo en Vos, tantas veces
de honores asegurada.)

Mancebo   Pues ¿de tu ruego, Domingo,
               te olvidas, y mi palabra?

Domingo   ¿Cómo, Señor?

Mancebo   ¿No me ruegas   1345
               que tenga piedad de un alma
               que juzgas perdida? Y yo,
               ¿no te previne que estaba
               a cargo mío el remedio
               que tú imposible juzgabas?   1350

Domingo   Pues ¿cómo en vuestra presencia
               queréis. Señor, que de nada
               me acuerde que no seáis Vos,
               si la admiración me pasma,
               si no hay sentido que tenga   1355
               libertad, y si embargadas
               las potencias, al miraros,

en el sumo bien descansan?
¿Quién os debe esta fineza?

Mancebo   Vuelve, Domingo, la cara,   1360
                 y verás en sombra hoy,
                 lo que en realidad mañana.

Descúbrese en el foro una gruta con altar, en que esté colocado un cruci-
fijo; y a Catalina arrodillada ante él con una calavera en la mano, vestida de
una túnica blanca, y suelto el pelo, en contemplación.

Domingo   ¿Qué ven mis ojos?

Mancebo   ¿Conoces
                 a esta mujer?

Domingo   La profana
                 Catalina que es, dijera,   1365
                 si esta acción se conformara
                 con las de su mala vida.

Mancebo   Prevente para alentarla,
                 porque no vuelva a la culpa
                 de que yo vengo a sacarla.   1370

(Vase, y cúbrese el foro.)

Domingo   Señor, ¿Catalina? ... pero
                 nada de lo que miraba
                 veo: yo soñé sin duda.
                 ¿Cristo vestido de gala
                 en la tierra? ¿La lascivia   1375
                 en penitencia mudada?
                 Pero no soñé, que ¿no es

del amor con que nos ama
Cristo, la demostración
de su fineza más alta,   1380
más que explicación de aquella
caridad con que nos llama?
Así esto es, cuanto a que, siendo
fineza suya, esta humana
forma de manifestarse   1385
se tenga por necesaria.
Mas cuanto a que esta mujer
siga a Dios, tan engolfada
en las delicias del mundo,
más dificultad me causa   1390
para creer que no dormía
cuando la vi; pues llamarla
Cristo, cuando no hay ningún
pecador a quien no llama,
y seguirle ella, teniendo   1395
la libertad tan usada
a no oírle ... Pero a Dios
no le es imposible nada;
ciegue el discurso, diciendo
providencia soberana   1400
de Dios» —ioh, cuánto te debe
el hombre, y cuán mal te paga!

(Sale el hermano Soleta con el costal lleno al hombro.)

Soleta   Deo gracias, padre.

Domingo   ¿Qué quiere?

Soleta   Que me alivie de esta carga,
                  mandando que a refectorio   1405

se vuelva a tocar.

Domingo   Las gracias
            se den a Dios por el bien
            que nos ha hecho.

Soleta   Y al arpa,
            que si no, vacío, padre,
            volviera el costal a casa.   1410

Domingo   ¿Qué dice?

Soleta   Que yo me entiendo.

Domingo   Hable, hable.

Soleta   Que no es nada.

Domingo   ¿Cómo tan tarde ha venido?

Soleta   Dígole que más tardara
            si por el arpa no fuera.   1415

Domingo   ¿Qué tiene que ver el arpa
            con la limosna?

Soleta   Que si
            no tocara, no tocara.
            Pero mire que reviento
            con el peso.

Domingo   A llamar vaya,   1420
            mientras por quien nos socorre
            voy a dar a Dios las gracias

yo a la iglesia.

Soleta   Voy. Pero oye
(Va, y vuelve.)   lo mejor se me olvidaba.

Domingo   ¿Qué dice?

Soleta   Que en un altar   1425
                    donde hubiere David, haga
                    la oración.

Domingo   Por qué, me diga.

Soleta   Porque algo le toque al arpa.

Domingo   Vaya, que es muy tarde.

Soleta   Voy
(Va, y vuelve.)   Pero iah, sí!

Domingo   ¿A qué vuelve?

Soleta   A nada.   1430
                    Golondrino, aquel criado
                    de Lupercio, se le encarga
                    por mí, padre.

Domingo   Pues ¿qué quiere?
                    Soleta De hacerse donado trata
                    en casa.

Domingo   Nunca Dios niega   1435
                    a quien le busca su casa.

Soleta

El hombre ha sido tunante,
y tiene famosa labia.

Domingo

Vaya, hermano.

Soleta

De ésta voy,
¡Qué poco me embarazara   1440
yo en nada si no trujera
las tripas acomodadas!

(Vase.)

Leonardo (Dentro.) ¡Muere a mis manos!

Lupercio (Dentro.) Traidor
Leonardo, ¿por qué me matas?

Leonardo (Dentro.) Porque eres en Catalina   1445
estorbo de mi esperanza.
¡Muere!

Lupercio (Dentro.) Ya muero ... ¡Domingo,
ruégale a Dios por mi alma!

Domingo

Si haré, Lupercio. Señor,
esta obligación me llama   1450
a vuestro altar, añadida
a la que a él me llevaba.

(Vase.)

(Sale Leonardo.)

Leonardo

En esa sima le echad,

y quede disimulada
nuestra culpa así: vengado   1455
yo de la cruel Rosaura,
y amante de Catalina,
sin estorbo para amarla.

(Vase, y entre dos enmascarados, sacarán a Lupercio muerto, y a su tiempo le meterán por un escotillón que ha de haber en el tablado, por donde, en previniéndolo los versos, volverá a subir, transformado, a representar el demonio.)

Enmascarado 1.º   Ya llegó al centro.

Los dos   Sigamos
                     las músicas y las danzas   1460

(Vanse.)

(Sube Lupercio.)

Lupercio   Y yo siga el nuevo susto,
                     de prevención tan extraña,
                     como ver en esta forma
                     de Lupercio, avergonzada
                     mi soberbia, de que cuanto   1465
                     en su vida cultivaba,
                     en su muerte haya perdido
                     —ioh, pese a las no explicadas
                     piedades de Dios, y pese
                     a las piadosas instancias   1470
                     de Domingo, contra quien
                     ya flaquea mi constancia!—
                     como ver —ivuelva a decirlo
                     más que mi acento, mi rabia!—

que de su trono descienda   1475
otra vez en forma humana
Aquél (para no nombrarle,
mi odio inmortal se valga
de sus señas), que juntando
solo en Él eslabonadas   1480
(aunque yo el modo no entiendo)
las dos porciones contrarias,
humana y divina, al mundo
vino para mi desgracia,
y para ventura de la encadenada,   1485
vil naturaleza que se hizo mi esclava.
Pues pensar que acaso sea
su venida, y que no traiga
su artillería amorosa
contra mi envidia asestada,   1490
no puede ser; porque cuando
la experiencia lo callara
de la vez primera, verle
con Domingo en recatada
forma de revelación   1495
hablar en su celda, basta.
(Aunque lo que le decía
no oí, porque las palabras
distintas entre ellos fueron
para mí no pronunciadas.)   1500
Basta —el dolor lo repita—
para que mi ciencia haga
conjetura de que viene
a empresa que no ordinaria
debe de ser; pues dispuso   1505
tan no común circunstancia,
que aplicar previno, queriendo curarla,
a extraña dolencia, medicina extraña.

Quién sea el doliente tanto,
discurrir ahora me falta,   1510
entre los mortales, que
le obligue a prevención tanta ...
Pero son muchos, y no es
posible en que cuál es caiga,
teniendo por los delitos   1515
una misma semejanza.
¡Que la vanidad no sepa
alentarme, de que di a
tantos que a mi imperio humillen
las cervices desdichadas!   1520
Pero ¿a cuál tengo seguro?
¿Cuál, cuando quiere, no arranca
de mí? Y ¿cuándo de mi mano
no quiere que todos salgan?
Nunca, porque el necio que en mi poder para,   1525
no es que Dios le deja, sino que él se aparta.
Ahora, dudas, la primera
seña nos diga la causa
de esta venida; y en esta
apariencia, mi empeño haga   1530
que no le falte materia
a Catalina, en la falta
de Lupercio, para todas
sus vanidades profanas;
que Leonardo nuevas culpas   1535
—no creyendo ejecutada
la que ejecutó (¡ea, rencores!)—
a sus delitos añada;
que Porcia en su mala vida
(Música dentro.)   persevere; que Rosaura,   1540
celosa, pierda a Domingo;
que Filipo no se valga

	del discurso para más	
	que para emplearle en nada;	
	y en fin, para que el humano	1545
	género, cuando la instancia	
	de Quien le redimió vuelva	
	a ver, vea en mi amenaza	
(Música dentro.)	la de quien astuto le hizo	
	perder la primera gracia.	1550
	Pues no es mucho, si Él al mundo	
	viene, que yo al mundo salga,	
	para que a sus diligencias	
	se opongan mis asechanzas.	
	¡Toca al arma, infierno, démosle batalla,	1555
	ya que no a Él, al hombre, que es su semejanza!	

Música (Dentro.)   A los años floridos de aquella
que reina en las almas.

Lupercio   Esta es Catalina, y éste
el festín que la ignorancia   1560
previno a su aplauso. Quiero,
con la máscara en la cara,
que por Lupercio me tenga,
ya que el lazo me señala
que ella para conocerle   1565
le dio. Novedad no haga
que con máscara el demonio
entre los mortales anda.

Música (Dentro.)   A los años floridos de aquella
que reina en las almas.   1570

(Salen Catalina, Porcia, Fenisa y otra dama con mascarillas, y plumas Filipo,
Leonardo y Golondrino; y a su tiempo se introducirá Lupercio con silos,
danzando.)

Catalina ¡Que bien hice de que el lazo,
Subir.
Lupercio, te señalara,
para conocerte!

Lupercio. Yo
Por afuera.
no necesito de nada
para conocerte a ti.   1575
(Cruzado de a cuatro.)
Aunque te tengo en al alma,
recelé perderte.

Leonardo (Aparte.) (¡O ciegos
a un mismo tiempo se engañan
mis ojos y mis oídos,
o era Lupercio el que hablaba   1580
(Vueltas en cruz.) con Catalina! Mas ¿cómo
hechas y deshechas
puede ser, si ahora le acaban
atravesados
de matar mis celos?)

Filipo Poco
conocerla me costara,
viendo, Porcia, en ti el donaire   1585
con que a todas aventajas.
Eses encontradas.

Música La juventud alegre se explica

en juegos y danzas.

Porcia   Yo solo en que me conozcas
pongo el cuidado.

Fenisa   (A Golondrino.) ¿No danzas?   1590

Golondrino   Estoy pensando en ser fraile.

Catalina   (A Lupercio.) Bien mío, pues ¿no me hablas?
Vueltas.

Música   A los años hermosos, que alumbran
con rayos de nácar.

(Sale el mancebo con mascarilla blanca, y quita la mano de Catalina a Lupercio, y se aparta Lupercio del sarao.)

Lupercio (Aparte.)   Sí ... (pero ¡ay de mí! ¿Qué miro?)   1595

Catalina (Aparte.)   (¡Ay, Dios, qué mano tan blanda!)

Lupercio (Aparte.)   (¿Qué es esto? Pero iré huyendo,
pues considerar me pasma,
que de la mano me quita
la que ya en mi mano estaba.)   1600
¡Seguidme todos!

(Vase.)

Leonardo (Aparte.)   (Veré
lo que confusión me causa.)

(Vase.)

Filipo   Ven, Porcia.

(Vase.)

Porcia   Tus pasos sigo.

(Vase.)

Fenisa   Sigamos el festín.

Golondrino   Vaya

(Vanse.)

Música   Haga fiestas alegres la ociosa   1605
                    juventud romana.

Suéltase de la mano Catalina.

Mancebo   No te vayas, Catalina.

Catalina   ¿Qué quieres tú, que me llamas
                    con mi nombre, cuando pienso
                    que voy muy bien disfrazada,   1610
                    y cuando me esperan?

Mancebo   Yo
                    te espero más.

Catalina   Tus palabras
                    tienen en mí tal dominio
                    que me obligan a escucharlas,
                    aunque a mis aplausos falten.   1615

Mancebo	A ti nada te hará falta estando conmigo.
Catalina	¿Quién eres, que al modo no hablas de los otros hombres?

(Quítase [Catalina] la mascarilla.)

Mancebo	Yo soy el que soy.
Catalina (Aparte.)	(¡Todo pasma a sus acentos!) Descubre, pues ya yo lo hice, la cara, que quiero ver si conviene tu belleza con la blanda conversación, que enamora, por los oídos, el alma.
Mancebo	Quien en el blanco rebozo no me conoce, cercana tiene la incrédula culpa de no conocerme en nada.
Catalina	No te entiendo.
Mancebo	Entenderásme, Catalina, si en tu casa me oyes esta noche. Catalina A nadie está mi puerta cerrada.

1620

1625

1630

Mancebo	¿Darásme de cenar?	

Catalina	Tanto	1635
	mis sentidos avasallas,	
	que de todas mis pasiones	
	amantes quedo olvidada,	
	con la esperanza de verte.	
	Mesa te tendré, y vianda	1640
	que en limpieza, y en sazón,	
	ninguna le hará ventaja.	

| Mancebo | Pues ya la noche desciende: | |
| | vete en paz. | |

| Catalina | Saber me falta | |
| | si mi casa sabes. | |

| Mancebo | Sí, | 1645 |
| | que en mí no cabe ignorancia. | |

| Catalina | Voy a esperarte, y de ti | |
| | me aparto con poca gana. | |

| Mancebo | Deséame. | |

| Catalina | Ya lo hago, | |
| | con parecerme que tardas | 1650 |

(Vase.)

Mancebo	Reparad, humanos, cómo	
	vuestro amante Dios os llama,	
	aunque no le oís, sabiendo	
	que esto con todos le pasa.	

(Vase, y sale Fenisa con luces, que pondrá en un bufete.)

Fenisa	Ya es de noche, y no ha venido	1655
	mi ama. Mas ¿qué me altera?,	
	no siendo ésta la primera	
	vez que ella se haya perdido	
	más que tarde hasta mañana;	
	que ella bien sabe entenderse,	1660
	pues cuando finge perderse,	
	entonces es cuando gana.	
	Gracias a Dios que no hay	
	por esta noche importuno	
	huésped que servir: si alguno	1665
	ella consigo no trae,	
	supuesto que no ha avisado	
	Lupercio que ha de venir	
	(que lo suele prevenir	
	para no hallarse burlado).	1670

Catalina (Dentro.) ¡Fenisa!

Fenisa Mas ya llegó.

(Llégase [Fenisa] con luz a la puerta, y sale Catalina.)

Catalina (Dentro.) ¿No hay quien alumbre?

Fenisa	Señora,	
	ya alumbro.	
Catalina (Saliendo.)	¡Saca volando	
	de la reservada ropa	
	la más blanca y más delgada,	1675

que no haya servido en otra,
para que ponga esta mesa!

Fenisa   ¿Quién la ha de poner?

Catalina   Yo propia.

Fenisa   Voy.

Catalina   Y avisa en la cocina
                  que la cena se disponga   1680
                  más regalada que nunca.

Fenisa (Aparte.) (Huésped hay de ceremonia;
                  ya yo me espantaba.)

Catalina   ¡Aprisa!

Fenisa   ¿No me dirás? ...

Catalina   ¡Vengo loca,
                  Fenisa, de enamorada!   1685

Fenisa   ¿De quién?

Catalina   Abreviar importa.

Fenisa (Aparte.) (¿Quién será este convidado?)

Catalina   ¡Ay, hermosísima boca!
                  ¡Ay dulcísimas palabras!
                  ¡Fenisa!

(Sale [Fenisa] con ropa de mesa.)

| Fenisa | Aquí estoy, señora. | 1690 |

| Catalina | ¡Lo que tardas! |

(Quita Fenisa las luces, y echa Catalina los manteles, haciendo dos cubiertos.)

| Fenisa | ¿Hay tal prisa? |

| Catalina | A mi me parece poca.
¿Está todo prevenido? |

| Fenisa | Pues ¿en casa llena ignoras
que se hace presto la cena? | 1695 |

| Catalina | ¡Qué largas, y qué penosas
a quien con amor aguarda
se deben de hacer las horas!,
Pues a mí, siglo se me hacen
los instantes. |

| Fenisa | Son tan otras | 1700 |
| | en ti las demostraciones,
de las que han sido hasta ahora,
que me tienes admirada. |

| Catalina | No sé lo que te responda,
pues solo sé que aguardando | 1705 |
| | estoy un bien, que le ignora
el alma y le siente a un tiempo,
pues sin gozarle le goza.
Mas ¡ay, que tarda! Galán
mancebo, ¿qué más ansiosa | 1710 |

que te desee procuras,
si hecha deseo estoy toda?

(Sale el mancebo sin máscara.)

Mancebo   Ya estoy aquí. Catalina,
                 que mi piedad no malogra
                 el deseo a quien me llama.   1715

Catalina   ¡Que perfección tan hermosa!
                 Haz que a tus dudas, Fenisa,
                 tus propios ojos respondan.

Fenisa   Voló Lupercio.

Catalina   Este amor
                 no es como aquél, que aquí es toda
                 templanza la que allí fue   1720
                 torpeza; aquí atención sola,
                 la que allí desenvoltura,
                 luz aquí, lo que allí sombra.
                 Y finalmente, ésta es,   1725
                 según las señas me informan,
                 una pasión que no tiene
                 semejanza con las otras.

Mancebo   Sentémonos a la mesa.

Catalina   Para serviros la copa   1730
                 estaré en pie yo, señor,
                 porque no es merecedora
                 Catalina de sentarse
                 con vos.

Mancebo   Si quién soy ignoras,
                     ¿Cómo eso dices?

Catalina   No sé.   1735

Mancebo   Dame la mano.

(Dale [Catalina] la mano y siéntase a la mesa, y el mancebo en una silla que
esta fija a una devanadera, para que de vueltas, y en la parte contraria venga
un niño de nazareno, con cruz, corona y dogal.)

Catalina   ¡Qué gloria!

Mancebo   Y aquí junto a mí te sienta,
                     que mi amor te suple toda
                     la calidad que te falta
                     porque a mi lado te pongas.   1740

Catalina (Aparte.)   Trae platos. (¡En mí no estoy
                     de enamorada y absorta!)

Mancebo   Mucho te quiero.

Catalina   Yo os pago.

Mancebo   No me pagas tal.

Catalina   Si toda
                     el alma me vierais, vierais   1745
                     en toda ella vuestra copia.
                     Mancebo Ya la veo.

(Va trayendo platos Fenisa, y en todo lo que el mancebo pusiere los dedos,
se procurara quede teñido con sangre.)

Catalina   ¿Qué sangre es
                la que deja en lo que tocan
                vuestras manos? ¡Ay, bien mío!,
                ¿os habéis herido?

Mancebo   Nota   1750
                que al cristiano doy mi sangre,
                porque con mi sangre coma.

Catalina   Pues ¿quién sois?, que ya turbada,
                señor, os oigo, y medrosa.

Mancebo   Quedando sola conmigo   1755
                lo sabrás.

Catalina   ¡Aprisa, toma
                de ahí esa mesa, Fenisa,
                conmigo!

(Entran la mesa ella y Fenisa y se levantan, no perdiendo Catalina el tabla-
do, y se queda Fenisa dentro; y se oirá un toque de chirimías y da vuelta la
devanadera, ocultándose el mancebo con la silla, y aparece el niño como
va referido.)

Fenisa   ¡Vamos, señora,
                que este convidado no es
                de los que hacen mucha costa!   1760

(Sale Catalina.)

Catalina   Ya estamos solos: decidme
                quién sois, señor.

Mancebo   En la forma
                 que otra vez mi amor me puso
                 podrás conocerme ahora.

Catalina   ¿Qué es lo que veo?

Niño   Mujer,   1765
                 mira estas espinas, rojas
                 por ti de mi sangre: mira
                 este dogal que me ahoga;
                 agobiados a esta cruz
                 mis hombros. En afrentosa   1770
                 imagen a tu Dios mira,
                 lleno de humanas congojas
                 por ti. Basten los delitos
                 de tu vida escandalosa.
                 mira que te busqué, fino,   1775
                 con amantes ceremonias,
                 y esta fineza no olvides.

Catalina   ¡Ahora, dolor, ahora,
                 ahora, llanto, es ocasión
                 de imitar a la amorosa   1780
                 Magdalena! Mis cabellos
                 os sirvan, mi Dios, de alfombra:
                 pisad sus rizos profanos,
                 sellen vuestros pies mi boca;
                 que me abraso, que me anego   1785
                 en las abundantes copias
                 de vuestro amor y mi llanto.
                 ¡Dios mío, misericordia!
                 ¡Pequé contra Vos, Señor!
                 ¡Fui desvanecida, loca,   1790
                 profana, bárbara, ciega

y olvidada de Vos toda!

Niño   Cóbrate, y busca a Domingo.

Catalina   Pues, Señor, ¿me dejáis sola?

Niño   Si penitente me sigues,   1795
              me verás en otra forma.

(Ocúltase.)

Catalina   ¿Quién de Vos tan asistida
              será risco, será roca
              tan intratable, que al golpe
              de vuestra voz, hecha bocas,   1800
              no os siga, no os busque? Yo,
              Señor, en las tiernas ondas
              de mis lágrimas, dejando
              el mar de mis vanaglorias
              en estos adornos viles,   1805
              en estas lascivas pompas,
              de estos cautelosos lazos,
              Va arrojando lazos, y otras
              cosas de su adorno
              y estas redes engañosas,
              surcaré el mar, penitente,
              de vuestras misericordias,   1810
              haciendo que a mis delicias
              equivalgan mis congojas,
              mi dolor a mis delitos,
              y que humilde corresponda
              a mi vanidad, mi llanto;   1815
              resultando en vuestra gloria
              que sea en la penitencia,
              por conversión milagrosa,

Catalina la profana,
la Magdalena de Roma.   1820

Fin de la segunda jornada

Jornada tercera

Catalina (Dentro.)   La que ofendió profana,
    altiva, necia, escandalosa y vana,
    vuestra eterna clemencia,
    fuerza os pide, Señor, para obligaros,
    pues osadía tuvo de ofenderos.   1825
    Sea mi penitencia
    la senda de buscaros,
    ya que mi culpa fue la de perderos.

(Sale Lupercio, escuchando y mirando hacia dentro.)

Lupercio   ¡Oh, pese a cuantas luces son centellas
    añadidas al fuego de mi fuego!   1830
    ¡Pese a la antorcha, a cuyas lumbres ciego,
    y pese a las estrellas,
    cuyo cobarde brío
    se ha dejado vencer del albedrío
    de esta mujer que causa mi desvelo!   1835
    ¡Pese a mí, pese a ella, y pese al cielo!
    Con perfiles de nácar matizando
    el que antes pareció nevado bulto
    de líquidos claveles, salpicando
    los que llamó jazmines el insulto,   1840
    o el profano apetito,
    no deja a su delito
    seña, o aviso vano,
    que no borren las iras de su mano.
    ¿No bastaba el desprecio de la humana   1845
    soberbia compostura?
    ¿No bastaba trocar la pompa vana
    que añadía hermosura a su hermosura,
    por basto adorno, por grosero traje?,

¿la túnica sutil, a tosco ultraje?;
¿que martirice lo que regalaba?
Y ¿distribuir su hacienda no bastaba,
—porque a ella le falte, y a él le sobre—
en el mendigo, despreciado pobre?
¿No bastaba de la hambre la porfía?;
¿la insufrible agonía
de la sed?; ¿el encanto
de su incesable llanto?;
¿ser el prolijo lecho,
—que fue mullida pluma dilatada—
catre de esparto estrecho,
de quien es un cadáver almohada?
¿Todo esto no bastaba, sin que aumente
méritos, inclemente,
en su afligido cuerpo? Su violencia
¿será desconfianza o penitencia?
Sí, que si asegurada
de que está perdonada
de su Amante estuviera,
—Aquél que volvió al mundo a que le viera,
y que yo vi también, porque El lo quiso—
no fuera tan remiso
su temor; más osado
fuera su brío, a ser más confiado.
Cuerda es mi conjetura;
pero ¡ay de mí!, que no es, sino locura
de mi vano deseo,
cuando lo que es no sé y lo que hace veo.
Mas no se dé a partido
mi astuto engaño: y pues que recibido
está en ella y en todos
que soy Lupercio, busque mi ardid modos,
pues nunca le faltaron,

ya que Leonardo y los que le ayudaron
de Lupercio a la muerte, sin concierto   1885
que a otro mataron tienen ya por cierto,
que de Domingo burlen la asistencia.
Halle esta penitencia
estorbo en mis finezas aparentes,
en mis quejas dolientes;   1890
vuelva a encenderse aquella tea fría,
que ha tan poco que ardía
por Lupercio. En mi engaño
Rosaura halle sus celos, y un extraño
camino a su venganza;   1895
dele a Leonardo nueva confianza
mi mudanza fingida;
prosiga Porcia en su obstinada vida;
no se canse Filipo de estar ciego:
y este insaciable fuego   1900
de mi rencor, con visos naturales,
crezca a ser confusión de los mortales.
Ya Catalina deja
el duro oficio de afligirse tanto;
y aunque no deja el llanto,   1905
si puede ser menor algo mi queja,
algo se satisface
de lo que hacía, con lo que no hace ...

(Aparte.)   (A esta pieza los pasos encamina.
                    ¡Ea, astucias!) Hermosa Catalina;   1910

(Sale Catalina en la forma que en la segunda Jornada, esto es, con túnica
blanca, el rosario, y la calavera en la mano.)

Sol, en cuyos arreboles,
en cuyos floridos rayos,
hay luces de muchos mayos

y flores de muchos soles:
si de cuantos girasoles
te acechaban el semblante,
ninguno quedó, y amante
a mí me ves permanente,
¿por qué tratas igualmente
al mudable y al constante?
Tu no esperado rigor
no es, bien mío, contra ti;
solamente contra mí
es tu desvelo traidor.
Si es olvido ya tu amor,
mi amor nunca será olvido;
y en que te busco ofendido,
bella enemiga, verás
que si arrepentida estás,
yo no estoy arrepentido.
Y dado que a mi fineza
no correspondas, infiel,
oféndeme a mí cruel,
mas no ofendas tu belleza.
Mira que con la aspereza
que te tratas, no segura
tu hermosura está: procura
templar la severidad.
No tengas de mí piedad,
y tenla de tu hermosura;
Porque pierdes los despojos
de tu poderoso imperio,
deshaciendo el cautiverio
que fue triunfo de tus ojos.
También lloran sus enojos
ellos, como mis querellas
yo: sus húmedas centellas

enjuga un poco del llanto,
porque no padezcan tanto
mis ansias, y tus estrellas.   1950
¿No me respondas?

Catalina   Lupercio,
                fui vanidad; tierra soy.
                Antes no me conocía,
                y haciendo piadoso Dios
                que me conozca, ventaja   1955
                mi conocimiento halló;
                porque ser tierra es ser algo,
                y nada es ser presunción.
                La que se llama hermosura
                es una inconstante flor,   1960
                que si amaneció copada,
                encogida anocheció.
                Y en fin, para no gastar
                tiempo en la comparación
                de lo que es la humana vida,   1965
                pase, Lupercio, mi voz
                a tus ojos; ves aquí
                lo que los humanos son.
                Señala la calavera.
                Esta vivió, tuvo aliento;
                alma tuvo y perfección   1970
                mientras vivió. ¿Que sería?
                Nada. Vio, gustó y olió,
                oyó y palpó con sentidos;
                y en una respiración,
                a que se reducen todos,   1975
                frío esqueleto quedó.
                No me busque como era,
                la ceguedad de tu amor:

búsqueme, si hallarme quiere
tu advertencia, como soy.   1980
Fui vanidad —ya lo dije—
y esto llora mi razón
soy tierra —ya me conozco—
y esto alienta mi temor.
Si quisiste lo que fui,   1985
ningún indicio quedó
en mi de mi semejanza,
por el divino favor;
si lo que soy ahora quieres,
con lasciva obstinación,   1990
toma este tronco, que en él
lo que soy ahora te doy.

(Pone la calavera sobre un bufete que habrá en el vestuario.)

Lupercio (Aparte.)   (¡Pese a mis iras, qué a tiempo
supo el sabio Agricultor
cortar para sí esta rosa   1995
que mi estudio cultivó!
Pero no apartó de mí
la mente; veamos, atención
si del pensamiento como
de la mano la dejó,   2000
y no desmayemos.) Bella
ingrata, no digo yo
que lo que haces tú —pues lo haces—
no sea siempre lo mejor;
que aunque sea contra mí   2005
hacer esta confesión,
te quiero tanto, que en todo
(Aparte.)   me agradas (miente mi voz).
Pero digo que quedando

                  tiempo para que al rigor 2010
                  entregues tu vida, debes,
                  en premio de mi pasión,
                  en paga de mi fineza,
                  y alivio de mi dolor,
                  esperar a que haga el tiempo 2015
                  su oficio en tu perfección,
                  dejando brillar ahora
                  las luces con que ve el Sol.
(Aparte.)   (Ya me mira: iea, infernales
                  ministros, con falsa voz 2024
                  auxiliad en sus oídos
                  mi cautelosa intención!)
                  ¿A qué quieres que la aurora
                  salga del cielo al balcón,
                  si de tu serenidad 2025
                  le ocultas el resplandor?
                  Cómo vivirán las flores
(Aparte.)   (iea, astuta prevención!) ...

Música (Dentro.)   Si en tus ojos no halla
                  la luz que copió,
                  y si de tus labios 2030
                  les falta el color?

Lupercio (Aparte.) (Lisonjas escucha: aún tiene
                  veneno en el corazón.)

Catalina   ¿Quién canta (iay de mí!) en mi casa, 2035
                  cuando yo llorando estoy?

Lupercio   Rosaura, Fenisa y Porcia.

Catalina   Pues ¿Rosaura?

Lupercio Ya dejó
la necedad que seguía,
y a ser amante volvió.   2040

Catalina   ¿Rosaura?

Lupercio   ¿Por qué lo extrañas?

Catalina   No lo extraño solo, no,
pero no lo creo.

Lupercio (Aparte.) (Ahora,
engaños, es ocasión.)

Catalina   ¿Cómo puede ser?

Lupercio   ¿Creeráslo   2045
si la ves y la oyes?

Catalina   No,
que ni ella tendrá osadía
de que le averigüe yo
haber sido a Dios ingrata,
llamada una vez de Dios,   2050
ni yo, aunque ella la publique,
creeré su sinrazón.

Lupercio   Pues a que lo creas viene.

Catalina   ¿Que dices? ¡En mí no estoy!

Lupercio (Aparte.) (Uno de vosotros, monstruos   2055
de la desesperación,
en la forma de Rosaura ...)

Sale Rosaura.

Rosaura (Aparte.)   (Ya te entendí, y aquí estoy.)
                     Catalina, ¿aún perseveras
                     en el temerario error   2060
                     de maltratar tu hermosura,
                     de ofender tu discreción?
                     Mira que de ti se quejan
                     porque deja tu rigor,
                     en la mudanza tirana   2065
                     que ultraja tu estimación ...

Rosaura   (Con la Música.) Sin aurora el cielo,
                     sin matiz la flor,
                     sin fragancia el mayo,
                     sin rayos el Sol.   2070

Rosaura   (Con la Música.) Goza de la lozanía.

Catalina   Eso a ti te dije yo,
                     cuando lo que ahora retratas
                     era, y tú, lo que ahora soy.
                     Mudóse, Rosaura, el tiempo,   2075
                     y mudámonos las dos,
                     yo a la enmienda de mis culpas,
                     tú a la eterna perdición.

(Llora.)

Rosaura   Tiempo hay para que lloremos.
                     Catalina ¡Ay!, que no se sabe, no   2080
                     el que hay, y que es muy estrecha
                     la cuenta que toma Dios.

Rosaura   Diciéndote yo eso a ti,
                 tu enfado me preguntó
                 dónde el sermón acababa,   2085
                 y allí se acabó el sermón.

Catalina   Pues ¿no te vi yo después
                 perseverar?

Rosaura   Fue razón
                 política, no pasar
                 con movimiento veloz   2090
                 de uno a otro estado. Y en fin,
                 aquello me pareció
                 bien entonces, y ahora esto
                 me ha parecido mejor.
                 Y no lo extrañes, que cuando   2095
                 verdadera es la pasión
                 de amor, no se opone nada
                 a su imperio superior,
                 todo lo rinde su fuerza;
                 y pues a mi me rindió,   2100
                 también te rendirá a ti,
                 porque es, en efecto, amor ...

Rosaura   (Con la Música.) Doméstico áspid,
                 que en el corazón
                 se siente, sin ver   2105
                 por adónde entró.
                 Rosaura (Sola.) Y una vez aposentado,
                 tiene tal jurisdicción,
                 que —huésped tirano— arroja
                 del lugar que le albergó   2110
                 cuantas pasiones encuentra;

y tomando posesión
entera de toda el alma,
no se rinde su valor ...

Rosaura   (Con la Música.) Ni a libre albedrío,   2115
                     ni a cuerda razón
                     ni a leal deseo,
                     ni a ruego traidor.

Rosaura (Sola.)   Si tú como yo a Leonardo
                     quise, quisieras ...

Catalina   ¡Ay, Dios!   2120

Rosaura   A Lupercio ...

Lupercio (Aparte.)   (¡Bien persuade
                     su rebelde obstinación!)

Rosaura   Ya como yo hubieras hecho
                     alarde de tu afición,
                     arrojando de ti cuanto   2125
                     le disgusta; pues o no
                     fue nunca tu amor verdad,
                     o ahora es verdad tu amor.

Lupercio, Rosaura
y Música   Quiera la que quiso,
                     ame la que amó,   2130
                     quien estimó, estime,
                     sienta quien sintió.

Catalina   ¡Callad, o yo cerraré
                     los oídos al traidor

encanto de vuestras voces!   2135
Jesús mío, ¿qué rigor
es éste? Dadme constancia
contra tanta persuasión.

Lupercio (Aparte.)   (¡Ahora, infernal esfuerzo,
que flaquea su temor!)   2140

Lupercio, Rosaura
y Música   Quiera la que quiso,
ame la que amó,
quien estimó, estime,
sienta quien sintió.

Catalina   Ya siento, ya amo, ya quiero.   2145

Lupercio (Aparte.)   (¡Venciste, astucia!)

Catalina   ¡Qué horror!
Ya quiero, ya amo, ya estimo.

Lupercio (Aparte.)   (¡Venciste!)

Catalina   Pero es a Dios:
a Dios amo, a Dios estimo,
a Dios busco.

Lupercio (Aparte.)   (¡Qué traición!)   2150

Rosaura (Aparte.)   (¡Qué ira!)

Catalina   Y a Dios le consagro,
en rendida adoración,
la sangrienta batería

con que vuestra aleve voz
a Dios procuró arrancar   2155
de mi amante corazón.

Rosaura   Eres necia.

Lupercio   Eres ingrata.

Rosaura   Y aun hipócrita.

Catalina   ¿Quién, yo?

Rosaura   Si, tú.

Lupercio (Aparte.) (Por aquí la hiera
mi astucia, que esto sintió.)   2160
Pues ¿no es hipocresía
hacer tanta exclamación
a dos ruegos, nobles hijos
de mi verdadero amor?
Hasta aquí desconfiado   2165
me tuviste; mas ya estoy
gustoso, pues siendo en ti
no más que demostración
aparente la virtud,
—como hemos visto los dos—   2170
mañana te cansarás
de lo que afectaste hoy.
Ven, Rosaura.

Catalina   ¡Ay de mí, triste!

Lupercio (Aparte.) (Quede con su confusión,
—podrá ser que desconfíe—   2175

mientras yo a dar modo voy
de que se crea que es falsa
su virtud, puesto que halló
colmo mi engaño. ¡Veremos
como la defiende Dios,   2180
como la ampara Domingo!)
Vamos, Rosaura.

(Vase.)

Rosaura   Ya voy,
cansada de ver que quiera
persuadirnos al error
de creer que es santidad   2185
su estudiosa afectación.

(Vase.)

Catalina   ¡Válgame Dios!, es posible
que yo añada el nuevo error
a mis errores, de ser
apariencia, y verdad no,   2190
mi arrepentimiento? ¿Puede
ser supuesto en mí el dolor
que siento de mis delitos?
No, que verdaderas son
mis lágrimas, y a mí, ¿cómo   2195
pudiera engañarme yo?
¿Será corta penitencia
de mis culpas mi aflicción?
Sí, que para ofensa tanta
ninguna es satisfacción.   2200
Pues yo añadiré tormentos
a mi vida, y porque no

juzgue el mundo mis acciones,
negada a la luz del Sol,
cuatro paredes estrechas   2205
serán oscura mansión,
o sepulcro, de este vivo
cadáver; adonde Dios
solamente juzgar pueda
si es verdad o afectación   2210
mi sentimiento. Mas ¿cómo
le daré satisfacción
al mundo, de que llore
las culpas que el mundo vio?
¿Cómo acertaré, Dios mío,   2215
a buscaros?, que el temor
no me deja resolver.
Decídmelo, Virgen, Vos:
guiadme Vos, pura Estrella
de la mañana, pues sois   2220
Norte de los pecadores;
débale a vuestro favor
mi deseo de acertar,
amorosa explicación.

(Suenan chirimías, baja en una apariencia la niña que hace la Virgen, con
un niño de bulto en los brazos, e irá subiendo Catalina, de rodillas en [la]
elevación, hasta igualarse las apariencias.)

Música   Alienta, confía,   2225
                que ya tu oración
                la Aurora divina
                piadosa escuchó.

Niña   Venturosa Catalina,
                por premiar la devoción   2230

con que mi rosario rezas,
te vengo a consolar yo.

Catalina   Oh, Virgen llena de gracia,
¿fineza tan superior
os debe un alma tan fea?   2235

Niña   Tu llanto la hermoseó.
No desconfíes, que estás
en gracia de tu Señor.
(Tómale Catalina.) Toma a mi precioso Hijo
en tus brazos, ...

Catalina   ¡Qué favor   2240
tan como vuestro!

Niña   En la forma
que el pobre portal le vio,
pues de su amor obligado,
le viste ya en otras dos.

Catalina   ¡Ay, Señora, que no cabe   2245
mi gozo en mi corazón!
Dulce Jesús de mi vida,
manso Cordero de Dios,
que de la culpa primera
lavaste el feo borrón,   2250
lleguen mis indignos labios
a tus pies.

Niña   A imitación
de Magdalena, le busque
en el Sepulcro tu amor,
y dámele ahora.

(Dásele Catalina.)

Catalina   ¡El alma,   2255
                  Señora, en dárosle, os doy!

Niña   Espera otro favor suyo,
                  y prevente al superior,
                  de gozarle para siempre;
                  que ya el último escalón   2260
                  de la vida vas pisando.
                  No le huelles con temor,
                  y mira el lugar allí
                  que te aguarda.

(Descubre la apariencia con movimiento un giro, y algunos muchachos con
palmas y coronas, y lugar desocupado.)

Catalina   ¡Feliz yo,
                  si llego a él!   2265

Niña   Llegarás,
                  guiada de la atención,
                  en tu vida, de Domingo,
                  mi vigilante pastor,
                  y en la hora de tu muerte,
                  de mi tierna protección.   2270
                  Busca a mi Hijo en el Sepulcro.

Música   Alienta, confía,
                  que ya tu oración
                  la Aurora divina
                  piadosa escuchó.   2275

(Ocúltase la tramoya.)

Catalina	Sin luz mi vista quedó ...	
	mas ¿qué mucho, si le falta	
	el eterno resplandor	
	de todo el cielo? Mas ¿cómo	
	tardo en lo que me ordenó	2280
	la soberana María,	
	piadosa Madre del Sol?	
	Busque a Cristo en el Sepulcro:	
	sea mi meditación	
	aquel trance de amargura	2285
	que Magdalena pasó,	
	no hallando el amado cuerpo;	
	y para que a imitación	
	mía le busquen también	
	los que le olvidan, la voz	2290
	que suave tantas veces	
	injustamente sirvió	
	a mi culpa, esta vez sirva	
	a mi justa pretensión.	

(Vase, y salen Soleta y Golondrino de donado.)

Soleta	Diga, hermano Golondrino ...	2295
Golondrino	Pregunte, hermano Soleta.	
Soleta	¿Vino ya nuestra estafeta?	
Golondrino	Hasta ahora, hermano, no vino.	
Soleta	¿Tan olvidados están	
	los que socorren? ¡me espanto!	2300

Golondrino	Tanto, hermano ...
Soleta	¡Jesús!
Golondrino	Tanto ...
Soleta	¿Qué?
Golondrino	Que ni vino ni pan ...
Soleta	¡Pues hambre hace!

Golondrino   No se espante,
                  que yo en la mía he notado,
                  que es el hambre de donado   2305
                  Enséñale la bota vacía y la talega sin nada.
                  más que la del estudiante.
                  Desde que por la salud
                  del alma el mundo dejé,
                  harto del mundo pasé
                  a la hambre de la virtud.   2310
                  Aunque como que es espanto,
                  no me harto nunca en rigor,
                  que tiene mucho calor
                  el estómago de un santo.
                  Con un menudo potente   2315
                  de vaca y dos de lechón,
                  no tiene mi devoción
                  harto para untarse un diente.
                  La vez que me desayuno
                  con diez libras de abadejo   2320
                  y pizca de ajo no dejo,
                  me parece a mí que ayuno.

Soleta   Mire qué hará a mí, si eso
                a él le pasa, en nuestro oficio
                santo, el hermano novicio,   2325
                y yo, santazo profeso.
                Mas veamos si en Fenisa,
                ya que a su casa llegamos,
                algún socorrillo hallamos.

Golondrino   Hermano, es cosa de risa: 2330
                tomará ella para sí,
                desde que su ama dio
                la hacienda a pobres, y no
                para él ni para mí.

Soleta   Bien pienso que dice, a fe: 2335
                y así, las mangas miremos,
                y podrá ser que encontremos
                algo. Siéntese.

(Siéntanse.)

Golondrino   Sí haré.

Soleta   Antes de meter la mano,
                oremos con devoción.   2340

Golondrino   ¿De qué ha de ser la oración?

Soleta   De pastelón.

Golondrino   Vaya, hermano.

(Pónense de rodillas, y sale Lupercio.)

Lupercio	A ver vuelvo aquí el efecto	
	de mi astucia, persuadidos	
	Porcia, Filipo y Leonardo,	2345
	a que es bastardo artificio	
	la virtud de Catalina,	
	a fin —ya que no he podido	
	a ella vencerla, asistida	
	de los favores divinos—	2350
	de que ellos en ella no hallen,	
	con el ejemplo, camino	
	de salir de mi poder,	
	y de que a Rosaura el vivo	
	volcán de los celos vuelva	2355
	a traerla a mi dominio.	
(Repara.)	Pero ¿qué es esto? Mas ya	
	lo alcanzo, y dar el castigo	
	a su necia petición	
	de esta suerte determino.	2360

Soleta   Tiente la manga.

Golondrino   Ya tiento ...

(Pone Lupercio un pastel fingido entre los dos, y tendrá dentro lumbre para que a su tiempo, echándole Lupercio un puñado de pólvora, se encienda; una bota y otras cosas, que al tomarlas los donados suban en unos alambres arriba; y vase.)

                pero hasta ahora no ha venido.

Soleta   Estaránle calentando.

Golondrino	Apriete él otro poquito y tiente el horno, Soleta.	
Soleta	Ya le tiento, y está frío.	2365
Golondrino	Pues canséme.	
Soleta	Yo también.	

Siéntanse, y reparan.

Golondrino	Mas ¿qué veo?	
Soleta	Mas ¿qué miro?	
Golondrino	Hola, ¿cuánto va que somos santos los dos sin sentirlo? Milagro de pastelón hasta ahora no se ha visto.	2370
Soleta	Item, cestica con fruta.	
Golondrino	Item, queso y panecillos en otra cestica.	
Soleta	Item, más de una arroba de vino.	2375

(Sale Fenisa, y siéntase entre ellos.)

Fenisa	A famosa ocasión llego, que siempre gana he tenido de ver cómo sabe un bocado entre dos amigos.	2380

Golondrino	Hija, mejor que entre tres. Mas no venga Fray Domingo y nos acede los postres.	
Soleta	Peor será los principios.	
Fenisa	Pues comamos, illas ¿de dónde todo este regalo vino?	2385
Golondrino	Con el sudor de dos santos te untarás hoy los hocicos.	

(Al meter la mano [Golondrino], suben la cestilla.)

Soleta	Saque pan.	
Golondrino	¡Voló la cesta!	
Fenisa	¿Qué es esto?	
Soleta	No lo adivino.	2390
Golondrino	¿Hay convidados arriba?	
Fenisa	Veamos la fruta. Húndese (la fruta). Golondrino ¡Se ha hundido!	
Soleta	¿Quién tiene mesa allá abajo?	
Fenisa	Pues si todo hace lo mismo, bueno quedará mi antojo.	2395

Golondrino   Aún bien, que nos queda vino
               y pastelón.

Soleta   Venga un trago:
               veremos si es blanco o tinto.

Golondrino   Mire si es tinto o si es blanco.

(Suben la bota arriba.)

Soleta   ¡Yo, hermano, estoy tamañito!   2400

Fenisa   Y yo me vuelvo allá dentro.

Golondrino   Aguarda, que aún no has sabido,
               Fenisa, como sabe un
               bocado entre dos amigos.

Fenisa   Ni lo quiero saber ya.   2405

Golondrino   Espérate otro poquito,
               que aún hay pastel para todos;
               pollos, espárragos —¡lindo!—
               criadillas y ternera,
               alcachofas, palominos ...   2410
               ¡Ea, hijos, que se está quedo:
               a él, meta aquí los cinco
               cada uno!

Soleta   Vaya.

Fenisa   Vaya.

(Sale Lupercio, echa pólvora, y se hunde el pastelón.)

Soleta	¡Jesucristo!

Golondrino	¡Jesucristo!

Fenisa	¡Que me abraso!

Los dos	¡Que me quemo! 2415
	¡Muy linda oración hicimos!

Fenisa	Yo escapo.

Golondrino	Aquí anda el tiñoso.

Soleta	Yo me apeldo.

Golondrino	Yo las lío

(Vanse.)

Lupercio

En éstos cebé mis iras,
por vengarme de Domingo;   2420
que aunque es corto desempeño
para los rencores míos
este ultraje, el can rabioso
—ya que no al dueño— del tiro
muerde la piedra, pensando   2425
que trae la mano consigo ...
pero ya llega Rosaura,
que no es con quien menos lidio,
siendo contra quien prevengo
hoy todo el desvelo mío;   2430
¡qué otra es de la que no ha mucho
que formó aquí mi artificio!

(Sale Rosaura con hábito honesto.)

| Rosaura | Puesto que está aquí Lupercio, |
| | a no entrar me determino. |

Lupercio	¿Por qué, señora Rosaura,	2435
	tan desdeñosa conmigo?
	¿Estudiáis en Catalina
	los desprecios vengativos?
	Si solo el medio que tienen
	de aliviarse mis martirios	2440
	me niegan vuestros rigores,
	¿donde buscaré mi alivio?

| Rosaura | ¿Que decís?, que no os entiendo. |

Lupercio	Solo de vos no entendido
	pudiera ser mi dolor,	2445
	cuando público le ha visto
	en toda Roma quien tiene
	libertad en los sentidos.
	No os hagáis desentendida
	de mi mal.

Rosaura	Si en vos colijo	2450
	que es el dolor olvidaros
	Catalina por su fino
	amante Jesús —notando
	que no ocasiona el divino
	amor la pensión humana	2455
	de los celos mal nacidos—
	vuestra queja de su amor
	injusta me ha parecido.

Lupercio (Aparte.) (¡Ea, cautelas!) No solo
no me ofendiera su olvido,   2460
siendo por el que decís,
pero a ser posible, afirmo
que su elección celebrara;
porque de lo que me aflijo
—y aun vos, si lo ignoráis, vos   2465
también habéis de afligiros—
es de que para los dos
fuese el mañoso artificio
de la exterior penitencia,
ocupando en regocijos   2470
con Leonardo —vuestro amante
infiel y mi falso amigo—
los favores que me niega.
De cuyo desaire herido,
discurriendo en qué venganzas   2475
airadas dejan al brío,
en una mujer, ajados
los impulsos vengativos,
a vos apelé, de todos
mis ultrajes padecidos.   2480
Leonardo aleve —a quien
no mato, porque muera al filo
de más sensible venganza—
viéndome de vos querido,
faltando a los dos a un tiempo,   2485
a los dos nos ha ofendido.
Catalina, que amorosa
le corresponde, ha fingido
demostrativa virtud
con vos a un tiempo, y conmigo,   2490
por gozar sin embarazos

sus recatados cariños.
¡Ea, pues, Rosaura hermosa,
mueran al veneno mismo
con que nos matan! Y porque   2495
no penséis que nada finjo,
ni que de vuestra fineza
sin razón al logro aspiro,
antes que me respondáis,
—pues a tiempo habéis venido   2500
de que puedan informaros
los ojos y los oídos—
vedlo y oídlo vos propia
(Aparte.)   (que ya uno de mis ministros
la forma de Catalina   2505
tomó). Aquél es Filipo,

(Córrese el bastidor del foro y aparécese en un estrado Catalina de gala.
Junto a ella Leonardo, y Porcia Junto a Filipo, y Fenisa en pie.)

y Porcia aquélla; Leonardo
es el que, amante rendido,
con Catalina está, y ella
la que da a su amor motivo.   2510
Ved vos si hay más desempeño
a vuestro dolor y al mío,
que querernos, en venganza
de agravio tan conocido.
Rosaura ¿Es posible lo que veo?   2515

Lupercio (Aparte.)   (¡Ea, poderoso hechizo
de los celos!)

Rosaura   ¿Catalina
al peligroso principio

	volvió de su vida, y es	
	Leonardo su amante indigno?	2520
	¿Qué ira es ésta que me abrasa?	
Catalina	De aquel tiempo que he perdido,	
	Leonardo, en amarte, está	
	mi nuevo afecto corrido,	
	y del que gasté también	2525
	en maltratar con martirios	
	mi belleza, arrepentida	
	vuelvo a los aplausos míos.	
Leonardo	¡Dichoso yo, que te debo	
	favores tan excesivos!	2530
Filipo	Yo nunca te debo más,	
	porque siempre te he debido,	
	Porcia, una misma fineza.	
Porcia	Es muy firme el amor mío.	
Fenisa	¿Quién creyera que en mi ama	2535
	era lo que vio, fingido?	
Lupercio	(A Rosaura.) ¿Qué dices?	
	Rosaura ¡Que estoy sin mí!	
Lupercio (Aparte.)	(No va mal este principio.)	
Catalina	Vivamos, Porcia.	
Porcia	Vivamos.	
Leonardo	(A Catalina.) Que quedara el cielo mismo	2540

a oscuras sin vuestras luces.

Filipo (A Porcia.) Los rayos del Sol sin viso,
si les faltan vuestros rayos.

Catalina ¿Y Rosaura?

Leonardo Ya la olvido.
Mas ¿Lupercio?

Catalina Le aborrezco.   2545

Lupercio (A Rosaura.) Oye tu agravio, y el mío.

Rosaura Muriendo estoy; pero ¿como
no hago que mi enojo altivo ...?

Lupercio La venganza mas discreta
es hacer lo que te digo.   2550

Rosaura Lo que a Leonardo quería
hasta ahora no lo he sabido,
que es el ruido de los celos
despertador del cariño.
Catalina Di a los músicos que toquen,   2555
porque de lo que he tenido
ocioso el acento quiero
vengarme.

Fenisa Eso sí, que es lindo.

Catalina Ayúdame, Porcia.

Porcia ¿Cuándo

	yo tus acciones no imito?	2560
Lupercio (Aparte.)	(Cuando es verdad lo que ahora	
	es de mi ardid artificio.)	
Catalina	¿Va a mi mudanza de vida?	
Todos	Vaya.	
Lupercio	(A Rosaura.) Aplica ahora el oído.	
Catalina (Canta.)	Viven los alegres,	2565
	y mueren los tristes,	
	porque se vive solo	
	lo que se vive.	
Música	Lo que se vive.	
	Cantan, y representan el estribillo	
Todos, y Música	Y es desvarío	
	tratarse como muertos	
	los que están vivos.	
Catalina (Canta.)	Entréguense al olvido	
	las penitencias,	
	que hace su compañía	2575
	las lindas, feas.	
Música	Las lindas, feas.	
Todos, y Música	Y el amor viva,	
	con la firme mudanza	
	de Catalina.	2580

(Al paño Fray Domingo.)

Domingo   ¿Qué es esto?

Lupercio (Aparte.)   (Pero ¡ay de mí!
                   —aunque ¿de qué desconfío?)

Domingo   Aquí el cielo me ha guiado.

Lupercio (Aparte.)   (Porque si no le dio aviso
                   Dios de mi engaño, también   2585
                   le aprovecharé en Domingo.
                   Pero pues verle no pueden
                   ni mis odios ni mis bríos,
                   deje su presencia, y deje
                   a Rosaura en el abismo   2590
                   de sus celos, donde no
                   le harán falta mis avisos.
                   Y este Argos de Catalina
                   —si acaso a este tiempo vino—
                   vea su mentida forma,   2595
                   y quede o no persuadido;
                   que en haciendo lo que pude,
                   cumple mi engaño conmigo.)

(Vase.)

Rosaura   ¡Hipócrita Catalina,
                   traidor Leonardo, enemigos   2600
                   cuanto de dos falsedades
                   en dos culpas habéis sido!
                   yo intento ...

(Sale Domingo.)

Domingo	¡Rosaura, espera! No logre tu precipicio quien para tu perdición 2605 este engaño ha prevenido.
Rosaura (Aparte.)	(¡A su voz pasmó mi aliento!... Mas ¿qué Lupercio se hizo?)
Domingo	(A Catalina.) Y tú, infernal apariencia, que con semblante mentido 2610 semejas a la que ahora está meditando a Cristo en el Sepulcro, la forma desvanece que has fingido que yo en el nombre de Dios ... 2615
Catalina	¡Ay de mí!
Domingo	Para que el limpio cristal no empañes, mañoso, de Catalina, te oprimo a que desde ahí desciendas a los oscuros abismos. 2620

(Truenos, y cubre un bastidor de llamas a Catalina, y salen todos al teatro.)

Catalina	Ya te obedezco.
Filipo	¡Qué asombro!
Porcia	¡Qué portento!
Leonardo	¡Qué prodigio!

Fenisa	¡Mal año el olor que deja a rábanos digeridos!
Rosaura	¡Sin mí estoy! De rodillas (todos).
Filipo	¡Padre!
Porcia	¡Señor!
Rosaura	¡Varón santo!
Fenisa	¡Padre mío!
Leonardo	¡Ministro de Dios piadoso! Levántalos (Domingo).
Domingo	Venid a mis brazos, hijos, y démosle a Dios las gracias de habernos desvanecido un engaño tan aleve, en que el común enemigo mostró el mayor esfuerzo para vuestro precipicio. Catalina busca a Dios, sirve a Dios, con tanto olvido de las locuras del mundo que yo de verla me admiro tan otra de la que fue, entre abrojos y cilicios. ¡Oh, quién imitar supiera su dolor arrepentido! Ilusión fue la que visteis

2625

2630

2635

2640

del demonio, y porque fijos
estéis en que fue ilusión, 2645
—si no estáis aún persuadidos—
ésta es Catalina: ved
si es ésta la que habéis visto.

(Sale Catalina de penitente.)

Filipo   Porcia ...

Porcia   Filipo ...

Fenisa   Leonardo ...

Leonardo   Fenisa ...

Catalina   ¡Oh, Señor divino, 2650
                qué de favores hacéis
                a este barro quebradizo!
                Padre amado, amiga Porcia,
                Rosaura ...

Fenisa   Y ¿no habla conmigo?
                Catalina Fenisa, y Leonardo; ya 2655
                el cielo me ha dado aviso
                de lo que ha pasado aquí,
(A Rosaura.)   y de lo que a mí contigo
                —digo con tu falsa forma—
                me pasó. Y otro benigno 2660
                aviso de Dios espero,
                aunque de qué no imagino.
                Y puesto que os hallo a vos,
                varón santo, en el oficio
                que usáis siempre, de asistir 2665

	piadoso a los afligidos,	
	—en cuyo agradecimiento	
(Arrodíllase.)	a vuestras plantas me humillo—	
	y a vosotros, ya avisados	
	de Dios en este prodigio	2670
	que visteis, de cuanto cuida	
	su amor de los desvalidos,	
	por el infinito amor	
	de Dios, por aquel divino	
	cuidado con que nos busca	2675
	y por los piadosos, finos	
	términos con que dilata	
	la razón de su castigo,	
	os pido, os suplico, os ruego,	
(A ellos de rodillas.)	con lágrimas, con suspiros,	2680
	con afectos, con ternezas,	
	—que en mi alma son martirios	
	de haber ofendido a Dios—	
	que libertéis los sentidos	
	del tirano cautiverio	2685
	de nuestro astuto enemigo.	
	Dadle a Dios suave néctar	
	de corazones contritos	
	una vez de tantas como	
	hiel y vinagre le dimos.	2690

Porcia   ¡El llanto me ciega!

Rosaura   ¡En llanto
                 destilan los ojos míos
                 el corazón!

Filipo   ¿Qué peñasco
                 no deja aquí de ser risco?

| Leonardo | ¿Qué bronce no es aquí cera? | 2695 |

| Fenisa | ¿Quién no llora aquí hilo a hilo? |

| Domingo | ¡Oh, cómo Dios se regala
con ojos humedecidos,
si los enternece el llanto
del pecado cometido! | 2700 |

| Filipo | Catalina ... |

| Leonardo | Catalina ... |

| Fenisa | Señora ... |

| Rosaura y Porcia | Amiga ... |

| Catalina | A Domingo
seguid, que él os guiará
al verdadero camino.
Todos Imán es de nuestros yerros. | 2705 |

| Domingo | Venid conmigo, hijos míos. |

| Catalina | Padre amado ... |

| Domingo | ¿Qué, hija mía? |

| Catalina | Sabed que ya se ha cumplido
el término de mi vida. |

| Domingo | Fuera el dolor preciso,
a no saber la pureza | 2710 |

de tu alma. Venid, hijos,
que aquí volveremos luego
a ver el mayor prodigio.

Porcia   Filipo ...

Filipo   Nada me digas.   2715

Porcia   Yo iba a decirte lo mismo.

Leonardo   Rosaura ...

Rosaura   Ya llegó el tiempo
                del desengaño preciso.

Fenisa   ¡Ay, señores, quién pudiera
                meterse ahora frailecito!   2720

(Vanse.)

Catalina   ¡Qué fatigada me siento!
                Pero no es, Señor divino,
                de la dolencia, aunque tanto
                se agravan los males míos:
                el peso de mis pecados   2725
                es el que rinde los bríos
                al desmoronado polvo
                de este caduco edificio.
                ¡Qué consolada muriera,
                si como ya reducidos   2730
                a no ofenderos, Señor,
                veo a Porcia y a Filipo,
                a Leonardo y a Rosaura,
                alumbrados de Vos mismo,

viera a Lupercio olvidado   2735
de los pertinaces vicios
en que persevera! Pero
este dolor sacrifico
a vuestro amor.

Lupercio (Dentro.) ¡Catalina!

Catalina   A mal tiempo. Señor mío,   2740
permitís que yo le vea,
pues confesando lo mismo
que Vos sabéis, verle siempre
fue mi mayor precipicio.

Lupercio (Dentro.) ¡Catalina!

Catalina   Mas ¿por qué   2745
temo, estando Vos conmigo?
(A Lupercio.)   ¿Qué me quieres?

(Sale Lupercio de difunto.)

Lupercio   Advertirte
de un engaño.

Catalina   Mas ¿qué miro?

Lupercio   Ten valor.

Catalina   De Dios está
mi corazón asistido.   2750

Lupercio   Pues sabe que el que en mi forma
te persuade a los delirios

a que yo te persuadía,
Catalina, estando vivo,
es el Demonio, y que yo   2755
a las manos del impío
Leonardo perdí la vida;
y que este piadoso aviso
que de su parte te traigo
es el que Dios te previno.   2760
Dame la mano, si tienes
aliento.

(Dale la mano [Catalina].)

Catalina   En no resistirlo
                  veo que es gusto de Dios ...
                  pero iay, Señor infinito,
                  que me abraso!

Lupercio   Este insufrible   2765
                  fuego es en el que vivo.
                  Sácame de él, que de ti
                  espero este beneficio
                  para pasar de las penas
                  a los descansos divinos.   2770

(Suéltasela.)

Catalina   Pues ¿qué quieres?

Lupercio   Que me apliques
                  el amoroso martirio
                  a mí, con que en el Sepulcro
                  estás contemplando a Cristo.

Catalina	Yo te ofrezco hacerlo.	
Lupercio	A Dios	2775
	verás presto agradecido	

(Vase.)

Catalina	Oh, María Magdalena,	
	¡quién tuviera ahora aquel fino	
	dolor que tuviste cuando	
	no hallaste a Jesús divino	2780
	en la Sepultura! Dame	
	parte de él, porque hechos ríos	
	mis ojos, puedan templar	
	aquel fuego a quien aplico	
	esta angustia. ¿Dónde estáis,	2785
	dulcísimo Jesús mío?	
	En el Sepulcro os pusieron	
	nuestros osados delitos,	
	y no os ven en el los ojos.	
	¿Qué se hizo, qué se hizo	2790
	mi amado Jesús? ¿Adónde	
	le verán los ojos míos?	

(Chirimías, y apareciérase en la apariencia el Niño en figura de Cristo resu-
citado.)

Niño	Aquí, Catalina, aquí,	
	que viendo que con los mismos	
	pasos que dio Magdalena	2795
	me buscas, el favor mismo	
	que a ella le hice te hago,	
	y tu tierno llanto aplico	
	al descanso de Lupercio.	

Catalina	Seas, Señor infinito,	2800

Catalina   Seas, Señor infinito,   2800
                alabado.

Niño   Ven a mí,
                que el término se ha cumplido.

(Desaparece.)

Catalina   Ahora, Aurora de Dios,
                ahora, Madre del limpio
                Sol de las misericordias,   2805
                es tiempo del prometido
                favor ... ya la voz se turba,
(Siéntase.)   ya flaquean los sentidos,
                ya se entorpece la planta,
                y un helado sudor frío   2810
                me trae la ultima congoja.

(Sale Domingo, y Todos.)

Domingo   Llegad todos, hijos míos.

Lupercio   Y yo, porque Dios lo ordena,
                llegue también al indigno
                acto que espero. ¡Ay de mí,   2815
                y del infierno!

Catalina   Domingo,
                piadoso padre, Rosaura,
                Porcia, Leonardo, Filipo ...

Golondrino   ¿Por qué dicen que se muere,
                si habla como un pajarito?   2820

Soleta	Después de enterradas hay mujeres que hablar se han visto.	
Fenisa	No es éste tiempo de burlas.	
Domingo	Conociendo el regocijo que has de tener, Catalina, te doy el deseado aviso de que al matrimonio santo conformes, y reducidos, vienen ya Rosaura y Porcia, con Leonardo y con Filipo	2825 2830
Catalina	¡Gracias a Dios! Pero antes de mi último suspiro vea yo que os dais las manos.	
Filipo	Así la verdad confirmo de la enmienda de mi vida.	2835
Porcia	Yo así mi enmienda explico.	
Rosaura	Yo así digo mi mudanza.	
Leonardo	Yo así la mía acredito.	
Golondrino	(A Fenisa.) Si no fuera ahora donado, me casara yo contigo.	2840
Fenisa	He votado castidad.	
Catalina	Y tú, Lupercio fingido, ¿qué buscas aquí? ¿No sabes	

que quién eres he sabido?
Lupercio en el cielo goza   2845
los favores infinitos
de Dios. Así lo sabed,
y que éste es nuestro enemigo
común con la falsa forma
de Lupercio.

Lupercio   Y que corrido   2850
de vuestra victoria, así
aquella verdad confirmo.
Húndese, y truenos.

Golondrino   ¡Padre mío!

Soleta   ¡Madre mía!

Domingo   No temáis de nada, hijos,
estando con Dios.

Catalina   Señor,   2855
ya sin aliento respiro.

Porcia   ¡Qué dolor!

Rosaura   ¡Qué sentimiento!

Filipo   ¡Qué pena!

(Chirimías.)

Domingo   ¡Qué regocijo
habéis de decir! Ya se abren
los alcázares divinos   2860

(De rodillas.)

Catalina

Niña

<table>
<tr><td></td><td>para recibir su alma.
Ruega al Señor infinito
por nosotros.</td><td></td></tr>
<tr><td>Catalina</td><td>Catalina
Virgen pura ...</td><td></td></tr>
<tr><td>Niña</td><td>Ya te asisto,
para que sin riesgo llegues
adonde te espera mi Hijo.</td><td>2865</td></tr>
</table>

(En la apariencia más vistosa que pudiere ser para el tránsito bajará la Niña, y a su tiempo subirá el alma.)

<table>
<tr><td>Música</td><td>Te Deum laudamus.</td><td></td></tr>
<tr><td>Domingo</td><td>¡Qué gloria!</td><td></td></tr>
<tr><td>Filipo</td><td>¡Qué soberano prodigio!</td><td></td></tr>
<tr><td>Música</td><td>Te Dóminum confitémur.
Rosaura ¡Qué resplandor tan divino!</td><td>2870</td></tr>
<tr><td>Música</td><td>Te Deum laudamus.</td><td></td></tr>
<tr><td>Leonardo</td><td>¡Qué dicha!</td><td></td></tr>
<tr><td>Música</td><td>Te Deum laudamus,
Te Dóminum confitémur,</td><td></td></tr>
<tr><td>Todos</td><td>Pide, alma pura, por cuantos
quedan en este afligido
valle. Y nosotros roguemos
que tenga, si ha merecido</td><td>2875</td></tr>
</table>

agradar, dichoso fin,
con el logro de serviros,
La Magdalena de Roma,   2880
por premio de quien la ha escrito.

Fin

Libros a la carta

A la carta es un servicio especializado para
empresas,
librerías,
bibliotecas,
editoriales
y centros de enseñanza;
y permite confeccionar libros que, por su formato y concepción, sirven a los
propósitos más específicos de estas instituciones.

Las empresas nos encargan ediciones personalizadas para marketing editorial o para regalos institucionales. Y los interesados solicitan, a título personal, ediciones antiguas, o no disponibles en el mercado; y las acompañan con notas y comentarios críticos.

Las ediciones tienen como apoyo un libro de estilo con todo tipo de referencias sobre los criterios de tratamiento tipográfico aplicados a nuestros libros que puede ser consultado en Linkgua-ediciones.com .

Linkgua edita por encargo diferentes versiones de una misma obra con distintos tratamientos ortotipográficos (actualizaciones de carácter divulgativo de un clásico, o versiones estrictamente fieles a la edición original de referencia).

Este servicio de ediciones a la carta le permitirá, si usted se dedica a la enseñanza, tener una forma de hacer pública su interpretación de un texto y, sobre una versión digitalizada «base», usted podrá introducir interpretaciones del texto fuente. Es un tópico que los profesores denuncien en clase los desmanes de una edición, o vayan comentando errores de interpretación de un texto y esta es una solución útil a esa necesidad del mundo académico.

Asimismo publicamos de manera sistemática, en un mismo catálogo, tesis doctorales y actas de congresos académicos, que son distribuidas a través de nuestra Web.

El servicio de «libros a la carta» funciona de dos formas.

1. Tenemos un fondo de libros digitalizados que usted puede personalizar en tiradas de al menos cinco ejemplares. Estas personalizaciones pueden ser de todo tipo: añadir notas de clase para uso de un grupo de estudiantes,

introducir logos corporativos para uso con fines de marketing empresarial, etc. etc.

2. Buscamos libros descatalogados de otras editoriales y los reeditamos en tiradas cortas a petición de un cliente.